현대신서
10

지 각

감각에 관하여

르노 바르바라

공정아 옮김

東 文 選

지 각

Renaud Barbaras

La perception

© Hatier, 1994

This edition was published by arrangement
with Hatier, Paris
through Sibylle Books, Seoul

차 례

서 론

"지각한다는 것은 무엇을 느낀다는 것이다"[1]라고 프라딘이 그의 저서 《지각 작용》의 서문에서 밝히고 있듯이 지각은 사실상 **존재**하고 있는 것, 무엇에 우리를 접근할 수 있도록 해주는 것이다. 즉 지각은 실존의 인식, 그 실제성의 열림이다. 십중팔구 이런 정의가 우선적으로 지각이 아닌 것으로부터 지각을 설정해 준다. 지각은 엄밀한 의미로 무엇의 구체적인 현전(존)에 해당하는 감각적 특징으로 사고와 구별된다. 나 자신의 상태에 대한 체험으로 환원되는 대신 어떤 외재성에 열린다는 점에서 지각은 감정과도 구별된다. 그래서 나는 고통을 느끼고, 이 나무를 지각한다라고 말한다. 감각적인 것으로서 지각을 배제하지 않는다는 것은 하나의 차원을 내포하는 것인데, 이 차원을 통하여 지각하는 주체가 스스로 체험하거나 그 자신이 스스로 영향을 받는다. 결국 지각은 지각 대상이 '몸소' '살과 뼈로' 거기 현존한다는 점에서 이미지나 추억뿐 아니라 상상력이나 기억과도 구별된다.

지각은 이중적 차원으로 특징지어진다. 하나는 실재의 모습에

---

1) M. Pradines, 《지각 작용》, Denoël-Gonthier, 1981.

그대로 접근하는 한 방식이다. 그러므로 지각에서 나는 어떤 순간도 사물의 상·복제라는 느낌을 가졌던 적이 없다. 즉 내가 지각하기도 전에 존재하던 대로 나의 시선에 앞서는 실재를 알아본다는 확신을 갖고 있다. 또 다른 하나는 그럼에도 불구하고 지각은 감각적이다. 즉 나의 것이라는 것이다. 그래서 지각은 내가 하는 실재 체험이다. 지각하는 주체 없이는, 명확하게는 감각 기관 없이는 아무것도 드러날 수 없다는 것이 명백한 사실이다. 풍경이 달라지도록 하기 위해서는 자리를 옮기는 것으로도 충분하고, 또한 연극의 전막이 사라지도록 하기 위해서는 눈을 감거나 시선을 돌리는 것으로도 충분하다. 그러므로 지각 대상은 선행된 체험으로서 우리에게 주어진다고 할지라도, 동시에 우리의 감각적 주관성에서 완전히 벗어날 수 없는 것 같다. 직접 체험에서는 분명하게 상반되는 두 가지 사실이 공존하고 있다. 하나는 지각이 세상 속 저기에서 이루어지고, 또 하나는 나의 내부에서도 이루어진다. 지각은 그 자체로 존재하는 대로 사물에 이르고, 주체의 상태를 통해 이 사물을 포착한다. 직접 경험의 층위에서는 이 두 가지 명백한 사실이 상충하지 않는다. 나를 세상에 나오게 하는 능력이나 나의 움직임을 통해 세상을 변하게 만드는 태도 어느것도 세상의 일관성과 자율성에 타격을 주는 것 같지는 않다. 마치 내 감각 기관들에 내재한 변이가 결국은 세상 그 자체의 몫이었던 것처럼, 오히려 세상과 다시 연결되는 내 능력의 이면(裏面)처럼 내게 나타난다.

  그런데 만약 이 두 차원이 경험의 견지에서는 양립할 수 있다 하더라도——경험이란 이런 양립이기에——그것을 명명하거나 반성하려고 하면 오히려 이 차원은 서로 상충한다. 그래서 프라딘은 그의 첫번째 정의를 구체화시켰다. 지각이란 "그 본래의 기능이 주관적이면서 비-공간적인, 우리 자신의 상태를 통해 공간 속에서 우리를 대상에 이르게 하는 것이다."[2] 그런데 어떻게 내가 주관적이고 내재적인, 따라서 상대적인 상태에서부터 자기 자신에 근거를 두고 자기 자신에게만 상대적인 것에 접근할 수 있는가? 어떻게 체험에서 근본적으로 낯선 이 공간적인 것을 잘 만날 수 있는가? 그런 것이 지각의 문제이고, 전통 철학에서 본질적으로 제기한 문제이다. 우리는 바로 이런 전통이 만들어 내는 해결책을 직시해야 할 것이다.

이러한 문제는 '무엇'은 공간 속에서 연장된 사물만을, 지각은 주관적 상태만을 지칭할 수 있는 지각의 분명한 두 특징의 동화에 전적으로 근거한다. 그런데 이런 진술 속에 심각한 모순은 없는 것일까? 우리는 지각자의 존재처럼 지각 대상의 존재에도 어떤 규정된 의미를 바로 부여하고, 지각을 연장된 대상 ——데카르트주의에서 나온 범주——과 경험된 주체의 범주에 넣는다. 그래서 이 주체와 대상 사이의 심각한 관계 문제에 봉착하게 된다. 지각에서 누군가는 무엇을 감지하는 것이 사실이다. 그러나 어느것도 이 '누구'를 주관적 상태의 총체로, 또한 이 '무엇'을 연장된 대상으로 정의할 수 없게 한다. 원한다면 한 주체가 하나의 대상과 연결된다고 말할 수는 있지만 이런 사실에 대한 어떤 속단도 아직은 이르다. 그런데 정의에 따르면

---

2) 《지각 작용》, *op. cit.*, p.27.

지각은 실재에의 근원적인 접근, 즉 **바로 지각 자체가 우리에게 감각을 전해 줄 수 있다는 것**인데, 사전에 지각을 실재의 어떤 의미로 맞춘 것에 모순이 있다. 자유로운 형이상학적 범주의 실행과 이러한 모순에 근거하여, 다시 말해 주관적 상태와 공간적 실재 사이에서 마주친 형태에서 비추어 보면 지각은 반성에 비해 불확실하게 된다. 지각에 대한 모든 철학이 빠지는 위험은 '존재(être)'가 의미하는 바가 우리에게 드러나는 것처럼 존재(Être)에서 예상된 의미를 통해 설명된다.

그때부터 바로 지각에 의해 있다는 것과 이 '있음'의 의미에 우리가 우선적으로 입문하기 때문에, 실재 존재의 의미를 결정하는 유일한 방식은 다른 데서 온 범주에서부터 재구성하는 대신 지각에 일임하는 것이다. 그러므로 지각에 대한 연구는 존재론적 쟁점이다. 그러나 그런 시도가 간단한 것은 아니다. 우리의 지각은 사실상 탄생은 확실하지만 그 근원은 지워지고, 그 속에 침전된 사고와 언어 범주에 의해서 이루어진다. 그러한 이유로 전제된 범주에서부터 하는 지각의 재구성은 다음과 같은 구체적인 표현으로 나타낼 수 있다. 즉 철학은 조금씩 퇴적된 것을 지각 속에서 찾게 해줄 뿐이다. 만약 우리의 사유가 지각이 무엇인지를 생각하는 감정을 가질 수 있다면 그것은 우리가 생각하는 것처럼 지각하기 때문이다. 그러므로 전제되지 않은 지각으로 되돌아가 지각 그 자체를 위한 묘사를 시도하는 것이 필요하다. 이런 노력은 범주들을 통해 접근하고, 범주 속에 든 지각에 대한 비평 작업과 분리될 수는 없다. 이런 조건에서 지각에 주의를 기울여 주관적 경험과 공간적 대상의 범주와 무관한 존재의 새로운 의미가 우리에게 전달될 수 있을 것이다. 지각철학은 대상에 대한 지각을 포착하는 것뿐만 아니라 지각을 **통해** 생각하고 그것과의 접촉에서 개선되는 철학이다.

I

찾을 수 없는 지각

1. 감 각

우리는 감각 기관을 통해서 외부 세계에 접근한다. 즉 지각한다. 이 감각 기관들이 **감각**을 만들어 내고, 지각은 이 감각들로 이루어지게 될 것이다. 우선 꼭 필요한 것과 경험주의에서 관심을 두는 것이 지각에 대한 기술이다. 경험론의 개념에서 감각은 우리 지식의 근원에 관한 질문에서 나온다. 특히 로크는 우리와 함께 탄생한 이데아, 즉 신에 의해 우리 안에 새겨진 데카르트식 본유 관념에 반박했다. 지식은 감각으로 이루어진 모든 경험에서 나온다. 감각들은 연대기적인——우리가 우선 감각을 지니고——동시에, 논리적으로——이 감각들이 우리의 관념을 조성하므로——우리 지식의 원천이 된다. 영혼이 오감에서 수용한 이데아에 미치는 작용들이 새로운 이데아의 기원(지각·의심·사유……)을 이룬다는 사실을 덧붙여야만 할 것이다. 그렇지만 지각되기 위해서 이것들은 감각으로 환원된다. 즉 "첫째 우리의 감각 기관이 특정 외부 대상에 관계해서, 이 대상들이 감각 기관을 자극하는 여러 방식에 따라 사물에 대한 몇몇 명확한 지각을 마음속에 전달한다[…]. 그리고 전적으로 우리의 감각 기관에 의존하며 감각 기관을 통해서 오성에 전해진, 우리가 가진 대부분의 관념들의 이 대원천을 나는 **감각**(SENSATION)이라 칭한다."[1] 대상 속에서 감각적 성질들은 내가 그것들간의 구분을 쉽게 하지 못할 정도로 긴밀히 뒤섞여 있는 것이 사실이다. 즉 예를 들면 나는 얼음의 차가움과 딱딱함을 구별하지 않고 느낀다. 그러나 이런 혼합은 단지 사실에서일 뿐이고, 마치 감각적 성질들이 대상의 분화에서만 생겨났듯이 다양성을 넘어설 수도 있는 하나의 통합에는 어떤 경우에도 해당하지 않는다. 여러 감각적 성질들 사이에서도 그러하듯이 각각의 감각 내의 특징들도 뚜렷하다. 그 대상은 감각의 집합일 뿐이다. 그 감각들은 **단순하고**——있는 그대로를 통해 그것과 다른 것이 아무것도 없는——그 자체를 통하여 분명하고 명확하게 파악된다. 로크는 "어떤 사람이 느끼는 얼음 조각의 차가움과 딱딱함은 백합꽃의 냄새와 흰색 혹은 설탕의 맛과 장미꽃의 냄새와 마찬가지로 마음속에서는 다른 관념들인 것이고, 인간이 이 단순 관념들에 대해서 가지는 명석하고 판명한 지각 이상으로 인간에게 더 명료한 것은 아무것도 없는 것이다. 이 단순 관념에 관하여 인간이 갖는 지각은 각각 그 자체에 있어서 복합적인 것이 아니다. 그런 까닭에 이 지각 안에 포함되어 있는 것은 인간의 마음속에 나타난 유일하게 일률적인 것뿐으로서, 이 지각은 다른 여

---

1) Locke, 《인간 오성에 관한 철학 시론》 trad. Coste, Vrin, 1972, p.61.

러 가지 관념으로 구분할 수 없는 것이다"[2]라고 썼다. 그런데 몇몇 단순 관념들(감각 인상)은 끊임없이 결합하기 때문에 우리는 마치 단 하나의 단순 관념에 관계되는 것처럼 말한다. 우리는 거기에 단 하나의 이름을 부여하고, 무엇인가를 떠받치는 토대가 된다고 여겨지는 것을 실체라 한다. 단순 관념들은 그 실체의 속성들이다. 그러나 경험의 측면에서 보면 대상에서는 오감에 반응하는 것밖에 아무것도 없음을, 그리고 또한 지각은 감각과 혼동될 뿐임을 발견하게 된다.

그러므로 감각은 무엇보다도 우선 주관적인 실재, 즉 체험 또는 상태이다. 정확하게는 감각이 우리의 '마음속에' 있기 때문에 경험론자들이 '관념'이란 말을 한다. 바로 이 차원이야말로 버클리가 그의 최후 결론까지 끌고 갈 부분이다. 감각 기관의 중개에 의해 우리의 감각의 원인이 될 외부 실재의 존재를 상정한 로크와는 상반되게, 버클리는 우리의 감각적 지각과 구별되는 외부 세계를 상정하는 것이 아무런 의미가 없음을 보여 준다. 힐라스와 필로누스의 대화 중에서, 우리가 느끼는 이 뜨거움이 정신 외부의 실재 존재를 가리킨다고 주장하는 힐라스에게 필로누스는, 이 뜨거움은 그 강도가 증가할 때 생기는 고통보다 더 실재적인 것도 덜한 것도 아니라고 반박한다. 그러므로 이 뜨거움은 우리의 감각 이외의 아무것도 아니다.[3] 존재(Être)는 **지각된다**(esse est percipi)는 것이고, 또 지각하는 정신이 있

---

2) 《인간 오성에 관한 철학 시론》, *op. cit.*, p.75.
3) Berkeley, 《힐라스와 필로누스의 세 대화》, trad. A. Leroy, Aubier, 1970.

으므로 **지각하는**(perci-pere) 것이다. 이러한 사실은 실재가 우리 자신 속에서 사라짐을 의미하거나 실재의 지각을 중단한다는 의미는 아니지만, 우리가 실재로 지각하는 이 실재는 그러므로 우리가 우리 마음속에 지닌 지각 이외의 아무것도 아니다. 비록 우리가 "우리의 상상력을 하늘에까지 혹은 저 우주 극한까지 분출시킨다고 할지라도 우리 자신이 그 너머로 결코 한 발자국도 진보할 수 없다는 것과, 어떤 종류의 존재도 생각해 낼 수 없다고 할지라도 단지 이 자명한 가장 일관된 이론화에 근거하여, 이런 협의의 소재지에서 나타났던 것이야말로 바로 지각——감각적 인상과 거기서 파생한 관념을 두루 총칭하는 표현——이다."[4]

한편 주관적 감각은 **원자론적**이다. 존재 내에서의 분리는 모든 위치 포착 가능한 차이, 모든 질적 구분, 즉 숫자상의 구분에 해당한다. 그 차이는 선행 단위를 가정하는 관계가 아닌 바로 존재 양식인 것이다. 즉 두 감각은 서로가 다른데 그 자체로 다르기 때문이다. 붉음이 푸름과의 차이로 의미를 갖기보다는 붉기 때문에 푸름과 구분된다. 이런 조건에서 감각은 모든 지각의 궁극적 구성 성분으로 특징지을 수가 있다. 그러므로 경험주의의 요건인 소여에로의 복귀는 소여가 존재하기 때문에 가능하다. 즉 경험주의 분석이 찾은 것은 바로 이런 원자적 감각이다. 이 두 가지 입장——감각은 순수 경험이고 원자적이다——은 긴밀하게 결합되어 있다는 사실에 주목하자. 순수 체험으로서

---

4) Hume, 《인성론》, trad. A. Leroy, Aubier, p.139.

감각은 단지 한정되고 규정된 내용과 일치될 수 있다. 관계의 이해와 종합적 행위는 보통 점괄적 내용의 초월, 소여와 거리두기, 즉 일치의 단절을 요할 것이다. 그래서 경험주의는 소여를 초월하는——예를 들면 A만을 지각하고 그 다음 B를 지각하는데 A가 B의 원인이 된다고 단정할 때——인식에 직면할 때 항상 난처하게 된다. 그 해결책은 항상 습관——과거 속에서 항상 이어졌기 때문에 A가 나타날 때 B를 상정하는 경향이 있는——에 근거한 연상 작용을 구축하는 것에 있다. 그러므로 소여의 진정한 초월은 결코 없다는 것이다.

우선은 이런 관점이 분명하게 보인다. 우리가 실재를 만나는 것이 우리의 감각 기관에 의해서 아닌가? 이런 감각적 현존이 지각과 이 추상적 관념 사이의 차이를 만들어 낼 수 있는 것이 아닌가? 소리를 듣고 색깔을 보는 것이 분명하고 환원 불가능한 두 경험인 것과 마찬가지로 붉음과 푸름을 보는 것, 고음과 저음을 듣는 단순 감각을 혼동한다는 것은 불가능하다. 그러나 실제로 이론적 측면에서나 그저 단순하게 지각적 체험의 측면에 놓인 이 감각들보다 덜 분명한 것은 아무것도 없다.

무엇보다 우선 이런 감각은 아주 애매한 위상을 갖는데, 왜냐하면 감각은 내 자신의 상태임과 동시에 내용이기 때문이다. 즉 체험인 동시에 그 '대상'인 것이다. 만약 감각이 진정으로 주관적이고 내 자신의 상태라면, 즉 체험 자체와 혼동된다면 감각이 어떻게 이런 체험과 구별되는 명확한 내용을 나에게 부여할 수가 있는가? 순수 감각은 그러므로 **지각되지 않는 것**일지도 모르고, 감정과도 가장 잘 혼동될지 모른다. 따라서 버클리가 필로누스의 입을 통해서 말하는 바는, 고통에서는 어떤 대상도 주어지지 않았다는 것이다. 반대로 경험론에서 단정하듯이 만약 감각이 규정된 성질의 체험이라면, 최소한일지라도 이런 성질과 그 경험 사이에 어떤 거리둠을 인정해서는 안 되고, 그러므로 순수하게 주관적 감각을 규정하기를 단념해서는 안 되는가? 만약 감각이 예를 들어 초록의 어떤 것에 닿으면 주체와 대상의 구분을 거기에 재도입해서는 안 되며, 또 그 초록이 내가 지각한 것——그러한 이유로 주관적이지 않은——이고, 분명히 느껴지거나 경험된다면 지각되지 않은 이 초록의 **주관적 체험**을 가리킨다고 말해서는 안 되는가? 그러므로 힐라스가 뜨거움은 감각 속에서 홀로 고통으로 변할 수 있는 지각된 성질——나 자신과 구분되는 객관적인——이라고 말한 것은 옳다. 불가사의는 바로 이 뜨거움이 고통으로 변할 수 있다는 데 있다. 프라딘과 같은 사상가들의 출발점은 감응적 감각에서부터 지각의 유래를 제시하는 것이다. 나는 고통에서 몸과 접촉하는 내 몸-주체에 가하는 결과만을 느낀다. 주체와의 거리두기가 증가하거나 그 행위 등의 강도가 감소할 때, 다르게 말하면 그 위협에서 멀어질 때 이런 감응은 지각으로 변할 수 있다. 즉 내 자신의 몸보다는 오히려 거리를 둔 주체의 이해력으로 변하게 된다. **대상에** 대한 열기처럼 열기에 대한 지각은 그 열기가 줄면서 고통이 사라지는 순간에 가능해진다. 그래서 (필로누스에 반박하여) 열기에서부터 고통의 분출은 어떤 경우에라도 이 열기가 고통과 같은 이유로 주관적일 수 없음을 꼭 언급해야만 한다. 그러므로 단지 고통에서 열기의 감각은 열기가 매우 강한 그 대상을 지속적으로 포착할 수 없다는 결론이다. 그것이 무엇이든 경험론에서도 확실하게 접근을 했던 체험으로서의 감각과 감지된 성질로서의 감각 사이의 가능한 양립 방식의 문제가 제기된다.

다른 한편 감각의 개념은 구성하는 것으로 간주되는 대상의 도움 없이 엄밀하게 그 정의에 의해 요구되는 것인지 자문해 볼 수는 있다. 오감에 의해 수용된 단순 감각은 추상 관념과는 상반되고 최소한의 보편성이 결여된 특수한 성질의 내용이다. 예를 들어 **보통의** 흰색은 감각에서 주어지는 것이 아니다. 이 흰색은 추상 관념으로 절대 보여질 수 없는 것이다. 그러므로 로크는 이미 인용했던 글에서 보편적인 흰빛보다 오히려 '백합꽃의 흰빛'이라고 언급하고 있다. 다만 하나에 관계되는 것은 다른 것에도 관계가 있다. 그러므로 어떤 백합꽃의 의미로 백합꽃의 흰빛에 대하여 언급함으로써 로크는 추상 관념에 머무르고 있다. 왜냐하면 백합꽃에서 이 흰빛은 보통의 백합꽃과 마찬가지로 존재하는 것이 아니기 때문이다. 그러므로 보편성에서 벗어난 순수한 소여인 진정한 감각에 이르기 위해 바로 이 백합꽃의 흰빛으로 언급해야만 한다. 감각 가능한 진정한 흰빛은 **한 대상**의 흰빛으로서만 의미한다. 그러므로 백합꽃이 흰빛과 같은 성질로 이루어지기보다는 백합꽃으로부터 흰빛에 이를 수 있다.[5] 감각의 개념을 지키기 위해 경험론은 감각에서부터 대상을 구성하는 계획을 단념하게 된 것 같다. 단지 대상에 전념함으로써 진정한 감각을 얻게 된다. 초록색은 전나무의 초록빛·

---

5) R. Legros, 〈인간론〉 in 《현상학 개론》, Grasset, 1990, p.102-138.

눈빛·대양의 빛으로만 존재한다. 즉 감각의 구체성은 대상에의 본질적 소속을 의미한다. 마오리족이 3천 가지의 색명(色名)을 갖고 있다는 것을 우리는 알고 있다. 하지만 그것이 그 많은 수의 색깔을 그들이 전부 지각한다는 것을 의미하는 것은 아니다. 그러나 단지 색깔 있는 대상을 명명함으로써 색깔을 명명하듯이——즉 백합꽃 빛깔, 접시꽃 빛깔, 연어 빛깔 등으로——색깔이 상이한 다른 대상에 속하게 될 때는 그 색들을 식별하지 않는다. 그런데 만약 감각이 대상을 가리킨다면 어떤 대상에 대해서인지, 예를 들면 내가 흰빛을 이 백합꽃에서부터 포착한다는 식으로 생각해 보는 것은 정당하다. 그런데 경험주의가 옳았음을 새삼 인정하는 것도 불편하다. 그러므로 이 백합꽃을 특히 그 흰빛, 그 향기 등등으로 말하는 것과 달리 어떻게 묘사를 하겠는가? 우리는 여기에 이미 그 어려움의 중심에 있는 것이다. 즉 이것의 색으로서만 색이 존재한다면 이 색의 감각 성질로 구성된 것만이 존재한다. 어떻게 이 한계를 벗어날 수 있는가? 하지만 단념해야만 될 것은 아마도 흰빛과 백합꽃, 감각 성질과 대상들일 것이다.

이런 어려움은 소여를 넘어서는 의미를 설명하려고 하자마자 경험주의가 근거로 하는 연상(聯想) 이론 속에서 다시 나타난다. 버클리가 주목했던 예로 길을 지나가는 자동차 소리를 내가 들을 때 즉각적으로 지각되는 것은 소리뿐이지만, 자동차와 유사한 소리의 결합에서 획득된 경험이 자동차 소리를 듣는다고 나에게 암시해 주는 것이다. 마치 붉게 달궈진 철의 열기가 그 빛깔로 암시되듯이, 소리는 들리지만 자동차는 연상에 의해 암시된다는 것이다. 단지 다음과 같은 질의를 제기하는 것은 당연하다. 어떻게 연상이 실행되는가? 무엇 때문에 어떤 감각은 습관적으로 연상된 어떤 다른 무리의 감각을 재활성하는가? 감각에서는 명백히 무엇인가가 과거로 향하게 방향을 잡고 제한해야만 한다. 결국 감각은 이미 **이 대상의** 감각으로 포착될 수밖에 없음에 이른다. 일부를 이루는 전(全) 경험의 관점이 우선적으로 내포되지 않는다면 결코 감각은 다른 것들을 되살아나게 할 수 없을 것이다. 내가 듣는 소리가 자동차를 구성하는 감각의 총체를 일깨운다면 그것은 다른 감각이 아닌 정확히 자동차의 소리로 들렸기 때문이고, 그 자동차는 그 자체 소리로 이미 드러났기 때문이다. 만약 달궈진 금속의 색깔이 열기를 연상시킨다면, 그것은 이 붉음이 그냥 붉음이 아닌 '붉게' 달궈진 금속의 붉음이기 때문이다. 그래서 연상된 감각의 환기는 그 연상이 실현되는 순간에는 군더더기가 되어 버린다. 즉 감각은 연상이 재구성하는 것으로 간주되는 대상을 이미 나타내고 있다. 대상과 구별되는 원자적 감각의 관념은 검토를 통해서 애매하다는 것이 증명된다.

그러나 특히 감각은 요구된 경험으로부터 입증받기보다는 오히려 경험과 혼동되는 것이라고 주장한다. 지각장(知覺場)은 달리 결합되어 다른 것을 낳게 될 이산적 감각의 총합으로 분해될 수 없음이 밝혀졌다. 이는 특히 에렌펠스·코프카·쾰러가 제창한 형태심리학(Gestalpsychologie)이 잘 보여 주고 있다. 감각을 상정하는 대신 우리가 실제로 지각하는 것, 즉 지각하지 않을 수 없는 것에서 시작한다. 멜로디를 예로 들어 보자. 멜로디는 전체가 조직화되고 분절된 소리와 형태의 덩어리이다. 만약 단 하나의 음이 변한다면——예를 들어 한 음의 높이가 장음계에서 단음계로 넘어가는——상이한 특징들을 지닌 또 **다른** 멜로디에 관계되는 것이다. 즉 그래서 멜로디의 다른 음들이 지각될 것이다. 반대로 **모든** 소리가 정해진 방식으로——예를 들면 한 옥타브가——변조된다면 멜로디는 자기 동일성을 유지한다. 그러므로 멜로디는 **이조적(移調的)**이다. 멜로디의 자기 동일성은 그것을 구성하는 요소들의 자기 동일성으로 환원될 수 없음은 자명하다. 본래의 정체성보다는 그 부분들을 유지하는 관계에 달려 있다. 멜로디는 하나의 **형태**이다. 즉 하나의 전체가 다른 어떤 것이거나 이 부분들의 총합의 이상이고, 그 특징들이 이 부분들의 특징으로 환원될 수는 없다. 결과적으로 부분(여기서는 음)은 그 자체로, 그리고 그 자체에 의해 정의될 수 없을 것이다. 그 부분은 따로 지각되든지 이런저런 멜로디에 통합되는지에 따라서 따로 떨어진 선이 어떤 다른 모양에 가담할 때는 아주 다른 것처럼 달리 지각될 것이고, 그러므로 또 다른 감각이 될 것이다. 요소들의 성질은 본질적으로 그 속에 통합되는 전체에 속하기 때문에 원자적 내용에 대해 말하는 것은 더 이상의 의미가 없다. 그 성질은 전체성 속에서의 역할 기능과 분리될 수 없다. 결국은 이 전체성 자체와 분리될 수 없다.

물론 그렇다고 해서 실제적이고 자율적인 존재로서 그런 전체성을 고려한다는 것은 아니다. 전체성은 이를 구성하는 부분과 관계에 속한다. 그러니까 엄밀하게 멜로디의 존재는 그 음 덩어리의 존재와 다르지 않다. 그러므로 형태가 내용과 무관한 이상적인 구조나 관계는 아니지만, 그것이 단순한 총합은 아닐지라도 그 성질의 속성이고 요소들의 그런 유형을 이용한 구체적인 형상화이다. 여기에서 우리는 내용과 관계와는 무관하다. 그러므로 형태심리학은 감각에 대한 경험주의적 개념의 기피로서 나타났다. 즉 우리는 형태만 지각하고, 그 결과 지각 대상은 감각적 원자로 **구성**되지 않는다. 만약 감각이 하나의 감각을 유지한다면 더 이상 지각의 근거로서가 아닌 형태의 해체와 분열 과정의 결과, 즉 여전히 형태화의 한 방식의 과정으로서이다. 그래서 모든 지각은 무늬-바탕 구조에 지배된다. 그때부터 지각장을 사로잡게 될 바탕에서 부각되지 않는 색깔은 절대적으로 지각되지 않을 것이다. 그 색은 그 바탕과 더불어 유지되고 달라지는 대조 관계에 근거해서만 가시적이다. 우선적인 것은 바로 차이이지 관계가 아니다. 그러니까 '소여 여건'이 바로 대조이고, 색들은 이 대조에 달려 있다.

감각의 개념은 존재하리라고 예상했던 것과 반대로 이 분석에서는 소여가 아닌 구성의 산물로, 가장 구체적으로가 아닌 가장 추상적으로, 주관적 경험의 중심에서가 아닌 거기에서 가장 멀리 떨어져 나타났다. 감각은 지각적 삶 속에서 요구되는 합리적 인식의 산물인 객관적 세계에만 적용되는 투사의 결실이다. 실재를 구성하는 단순 요소에서부터 실재를 재구성하려는 시도는 논리적이고 물리적인 세계에 적용된다. 그러므로 감각에서부터 지각을 재구성한다는 것은 이 우주를 지각적 의식의 세계로 대체하는 것이고, 이를 위해 총체적인 형상화에 종속되는 부분이란 존재하지 않는다. 영혼 속에서 '전적으로 균일한 개념'

만을 생산해 내고, 오성 앞에서 모호함과 깊이가 없는 투명한
요소와의 관계를 요하는 '모든 구성에서 제외된' 색은 없다. 그
러나 지각에 있어서 모든 감각적 특징이 대상의 표현적 가치이
고, 대상의 깊이를 나타낸다. 감각으로 지각을 정의한다고 해도
마찬가지로 우리는 사물 속에서 존재한다고 알고 있는 것을 사
물의 의식 속에서 바로 제기한다. 우리는 지각된 대상을 가지고
지각한다. 감각에 대해서 말할 때 우리들은 이 지각이 가능하게
만드는 객관적 우주에만 적합한 범주들의 지각을 강요한다. 그
러니까 마치 하나의 사물에 관계되는 것인 양 경험을 재구성한
다는 것이다. 가설로서 바로 감각 기관을 매개로 한 몸의 언급
이 주관적이고 객관적인 이 혼동을 조장한다고 주장할 수도 있
다. 객관적으로 구분되고 몸의 외관에 설정될 수도 있는 감각
기관을 통해서 우리가 지각할 수 있음은 자명한 사실이다. 적어
도 객관적인 몸을 특징짓는 부분들의 외재성이 그렇게 경험 그
자체에 전가되었던 것이다. 즉 서로서로에 **외재적인**, 즉 감각
기관(망막 같은)이 감각적 표면에서 자극받기 쉬운 점들처럼 서
로서로에 대한 감각들을 상정할 것이다. 그런데도 불구하고 이
런 동화 덕분에 지각은 우리를 안내하는 객관적 세계의 상으로
이해될 것이다.

2. 지적 행위

  감각의 개념으로 우리를 주관성의 핵심에 소개한다고 주장하

는 순간 우리는 경험론과 과감히 멀어진다. 사실상 지각이 감각 기관에 의해 만들어진 감각 이외의 아무것도 아니라면, 대상이 감각의 집합 이외의 아무것도 아니라면 지각하는 **누군가**가 없이는 아무것도 지각될 수 없을 것이다. 경험론은 존재하는 실재와 우리가 관계를 맺는다는 사실, 즉 감각적 현전의 순간만을 지각에서 받아들인다. 그러나 지각은 객관적 사건이 아닌 주관적 **행위**이다. 그러니까 사물이 세상에 존재하는 것처럼 감각이 의식에 존재하는 것이 아니라, 오히려 지각이 대상을 존재하게 하고 대상을 **표상하게** 하는 것이다. 요컨대 그런 지각적 경험은 감각적 내용과의 일치나 감성에 대한 세상의 실제 행위로 환원될 수는 없다. '주관적인' 경험으로서 지각은 행위를 상정한다. 그 행위에 의해 의식은 어떤 내용을 파악한다. 즉 행위에 의미를 부여하게 된다. 플라톤 이래 모든 경험은 하나의 **인식**이다. 그러므로 내가 사물이 있는 그대로 알아볼 수 없다면 사물이 존재한다는 사실을 결코 지각할 수 없을 것이다. 실재는 의식에 접근할 수 있는 원시적 존재로서가 아닌 의미 작용을 제공할 수 있는 존재로서이다. 지각의 모든 문제는 만족할 만한 위상을 이 의미 작용에, 그리고 생명을 불어넣어 주는 주관성에 부여하게 된다.

그런데 경험에 대해 자문하는 누군가에게 강요되는 이런 의미 차원은 경험주의적 관점의 결함에 의해 촉구된다. 내가 지각하는 대상이 감각의 집합으로 환원될 수 없는 것으로 판명된다면, 감각에서 지각을 분리하고 그 이해를 특수한 능력으로 전가해야 할 것이다. 바로 이것이 데카르트가 그의《성찰》2부에서

훌륭히 제시했던 사실이다. 이런 저항할 수 없는 확신을 구체적으로 살펴, 이에 의거한 감각에 주어진 물질적인 것이 데카르트가 우리의 본질을 구성하는 것으로 제시한 그런 사고보다 어쨌든 훨씬 더 나은 우리에게 가장 분명하게 알려지게 될 것이다. 그래서 보통의 몸이 아닌 막 벌통에서 꺼낸 특별한 몸을 예로 들어 보자. 즉 "이 밀랍은 조금 전에 벌집에서 끄집어 낸 것이다. 즉 함유한 꿀의 달콤함을 아직 잃지 않은, 그것을 따온 향기를 아직은 얼마쯤 간직하고 있다. 그 빛깔·모양·크기는 명백하다. 그것은 단단하며 차갑고 쉽게 만질 수 있으며 두드리면 소리가 난다." 요컨대 어떤 물체를 가능한 한 인식하기 위해 필요한 모든 것이 이 밀랍에 갖추어져 있다. 그러나 이렇게 말하고 있는 동안에 이 밀랍을 불 가까이 가져가면 그 어떤 성질도 그대로 있지 않게 된다. 이런 경험은 모든 감각적 성질의 체계적인 변이형을 만들어 낸다. "이러한 변화 후에도 여전히 동일한 밀랍인가? 데카르트는 아무도 그것을 부인하지 않으며, 아무도 다른 것이라고 판단하지 않는다고 말한다. 그렇다면 이 밀랍 조각에 있어서 그처럼 분명하게 인식했던 것은 무엇인가? 그것은 내가 감각 기관(들)에 의해 포착할 수 있는 것이 아님은 분명하다. 미각·후각·시각·촉각·청각에 의해 감지된 모든 것은 변하였으나, 그래도 밀랍은 그대로 존속하고 있으니 말이다."[6] 내가 분명하게 인식한다고 주장했던 모든 성질들이 사라

---

6) Descartes, 《데카르트 전집》, coll. 〈Bibliothèque de la Pléiade〉, Gallimard, p.279-280.

졌다고 하더라도 밀랍은 그대로이기 때문에, 나의 정체 판단의 근거는 그 속에 머물 수가 없다. 그렇다면 어떻게 이런 변이형 너머 밀랍은 동일하게 머물러 있는 것으로 이해할 수 있는가? 불 시험 이후에도 동일하다고 내가 인식하는 이 밀랍이 내가 앞서 인식했던 것과 동일한 것임을 주지하자. 그것은 그 변이가 내가 모르는 사이에 내가 믿었던 것과는 다른 감각적 성질들의 집합임을 드러내 준다. 그러므로 밀랍은 변이를 **견뎌내고**, 또 변이가 **가능한** 이런 변화하는 성질들의 토대일 뿐이다. 즉 "잠시 전에 이러한 형태들로 나에게 나타났던 몸이고, 지금은 또 다른 형태로 시선을 끄는 몸이다." 그런데 나는 어떻게 무한한 형태를 지니기 쉬운 그런 몸에 접근할 수 있는가? 무한히 가능한 변화를 상상에 의해서는 나타낼 수 없다. 오성만이 이 몸의 본질을 알아볼 수 있는 힘을 가지고 있다. 각각의 형태로 변하면서도 그 연장은 동일하게 그대로 있다. 거기서 데카르트의 결론은 "밀랍을 지각하는 작용, 또는 그 지각이 전에는 그렇게 생각되었다고 하더라도 결코 시각·촉각·상상은 아니고 단지 정신의 검열이다"라는 것이다. 처음부터 밀랍의 감각적 이해 속에서 작용중이었지만 '불완전하고 혼란한' 상태였다.

　우리는 여기에서 경험론의 철저한 전복에 있다. 지각이 **대상**의 지각인 한 감각적 외양——시간 속에서 동일한 의식의 변이와 의식의 다양성에 내재한——의 변이를 넘어서도 동일하게 머무는 것의 지각은 단지 정신적 행위일 수밖에 없다. 그 대상은 감각적 성질의 집합으로 환원될 수는 없다. 그러니까 이 성질들의 총합 이상으로 생각할 수 있는 단위이다. 감각은 실제적인 어떤 것에도 해당하지 않고, 어떤 실제의 순간도 대상으로부터 전해 주지 않는다. 단지 인간의 오성이 감각적 육체와 결합되어 있다는 그 사실의 표현일 뿐이다. 우리는 그 자체로 존재하는 대로가 아닌 우리 몸과의 관계에 따라서 대상을 지각한다. 그래서 감각은 궁극적으로 '불완전하고 혼란한' 정신의 검열일 뿐이다. 감각이 **대상**의 감각(=지각)인 이상, 예를 들어 색은 **밀랍의** 색으로 이해하는 이상 감각은 정신적 행위이다. 하지만 색의 체험으로서 **감각**은 대상보다는 오히려 우리 자신을 드러낸다.

지각을 의미의 파악이라는 정신적 행위로 정의함으로써, 데카르트는 우리가 시작하면서 언급했던 지각의 두 차원을 조정하기에 이르렀다. 사실 의미 작용은 의식을 위해서만 존재하는 것인 동시에 내구력 있는 구조를 의식에 제공하기도 한다. 정신에 투명한 의미 작용은 심리적 재료와 뒤섞이는 대신 정신과 맞선다. 사고의 측면으로 향함으로써 초월성, 즉 의식과 낯설지 않고 결과적으로 의식 속에 삽입되지 않는 의식에 현존하는 외재성을 생각하게 된다.

지각에 관한 이와 같은 개념에 있어 데카르트는 파르메니데스까지 거슬러 올라가는 존재론적 전통에 있는 것이다. '존재하는 것,' 즉 '무엇'은 단지 대상으로 한정될 수 있는데, 실재 그 자체와 동일하고 지속적인 대상이다. 생성에만 직면한 감각과의 차이로 사유만이 그런 실재에 도달할 수 있다. 파르메니데스의 유명한 문구, 즉 "존재와 사유는 동일하다"는 그런 의미에서이다. 대상에 적합한 정체성으로 실재의 특징지음과 지각에서 정신적 행위로의 동일화는 동일한 존재론적 결정의 양면이다. 지각에 대한 주지주의적 접근을 불러일으키는 동화, 즉 '무엇'에서 대상에로의 동화만이 당연한 것처럼 간주될 수 있는 걸까? 지각에 대한 엄밀한 검토 끝에 절실히 요구되거나, 오히려 다른 뿌리를 갖는 존재론의 지각에 대한 **선험적인**(a priori) 복종에서 나오는 것은 아닐까? 그 '무엇'이 대상으로 환원될 수 있을까?

이런 분석의 효력은 이론의 여지가 없고, 또 지각에 대한 이런 개념은 **한 방향으로** 지양될 수 없다. 모든 경험은 소여를 조직하는 통합적인 이해, 한 방향의 이해를 전제로 한다. 그러므로 순수 다양성은 어떤 정신도 거기에서는 '식별되지' 않기 때문에 나타날 수 없을 것이다. 데카르트와 더불어 사물에 대한 의식의 특성을 완전하게 인식하게 되었다. 그러니까 무엇의 면전에 있음은 곧 그 무엇으로부터 감각을 포착하는 것이기 때문에, 지각은 주관적 상태의 집합과는 다른 것이다. 그런데 문제는 이해된 감각만 있고 결과적으로 어떤 지각의 특성도 없다면, 이런 의미 작용이 부정은 아닐지라도 우리의 유한성의 표현이 될 감각적 특징으로서 **정신적 행위**의 대상이 되는지 아닌지를 구체적으로 아는 것에 있다.

그러나 지각과 이해의 차이를 잘 인식해야만 한다. 그런 것은 주지주의적 관점이 근원적으로 반박의 대상으로 삼는 것이다. 지각의 속성은 감각이 감각적인 것 내부에 도달하는 것이고, 감각적인 것 내부에 감각을 새기는 것이 이를테면 외적 상황은 아니다. 지각된 감각은 무엇인가가 거기에 추가되거나 빠지는 이해된 감각은 아니다. 그것은 또 **다른** 감각이다. 대상과 관계의 구체적 방식인 지각은 오성의 행위로 환원될 수 없는 것이다. 지각에서 더 이상 아무것도 인식하지 않기 위해서는 머리를 낮추어 풍경을 보는 것으로 충분하다. 이제 '위' 와 '아래' 는 오성에 관련하여 상대적 의미만을 가지고, 오성은 풍경의 정위(定位)와 관련하여 절대적 장애물로서 마주치지 않을 수 있게 된다. 오성 앞에서 사각형은 바닥 위에 놓여 있든 정점 위에 놓여 있든 언제나 사각형이다. 지각에 대하여 후자의 경우는 거의 인식 불가능하다.[7] '밀랍 조각' 의 경우에도 동일하게 드러난다. 사실 데카르트가 썼던 것과 상반되게 일단 모든 감각 성질이 바뀌게 되면, 즉 밀랍이 녹으면 나는 "밀랍이 그대로 있다"라고 말할 수는 없다. 그 감각적 성질이 사라졌을 때 지각했던 밀랍은 사라졌다. 예를 들면 두 상태의 물은 별개의 단어로 지칭하는데, 데카르트는 고체 상태와 액체 상태의 밀랍을 같은 단어로 지칭하고자 언어의 우연성을 여기서 이용하고 있다. 만약 우리가 얼음을 녹이면서 했던 데카르트의 실험을 부활시켜 본다면, 지각에 있어서 얼음이 물로 변했기 때문에 "동일한 얼음이 있다"라고 말할 수는 없을 것이다. 지각이 변형을 인식하는 거기에 **신체**가 보존된다고 전제하는 것은 물리학자나 **과학**만이다. 만약 데카르트가 "이런 변화 이후에도 밀랍은 동일한가?"라는 질의에 긍정으로 답할 수 있다면, 그것은 단지 물리학자에게 연상되는 밀랍 안에서 앞서 투영되었기 때문에, 이해된 밀랍에서 지각된 밀랍으로 바뀐 어떤 연장을 부여받은 몸일 뿐이다. 텍스

---

7) Merleau-Ponty, 《지각의 현상학》, Gallimard, 1945, p.57-58.

트에서 명시하는 것은 "그 밀랍은 벌꿀의 향기도 꽃의 향기도 아닌 [⋯] 단지 약간 앞서 이런 형태로 나에게 나타났고, 지금은 다른 형태로 시선을 끄는 몸일 뿐이다."

한편 주지주의적 관점은 표면상의 대립을 너머 명백히 경험주의에 깊이 종속되어 있다. 사실 주지주의는 경험주의의 명제인 이산적 감각의 다양성을 수용함으로써 시작하고, 실제로 지각된 것과 감각의 가설에 맞추어 주어지게 될 것과의 사이에 차이를 설명하기 위해 지적 행위를 도입한다. 그러므로 경험주의처럼 순수한 다양성을 제기함으로써 시작하기 때문에, 주지주의자들은 이런 다양성에 통일성을 부여함으로써 얻는 정신적 행위를 인정해야만 한다. 그러므로 지적 행위로 지각을 환원하는 것은 결국 경험론만큼의 가치가 있다. 감각의 개념이 하나의 추상 작용임이 증명된다면 지적 행위에 하는 호소는 부당함이 드러날 것이다. 주지주의는 경험주의에 대해서만, 경험주의에 의해서만 유효하다. 예를 들어 만약 감각을 모으는 충격, 즉 망막 위에 미치는 대상의 충격에서부터 시계를 이루는 것으로 먼저 시작한다면 각 대상에 대한 두 가지 상을 가질 거라고 결론지을 수밖에 없다. 그럴 수 없기 때문에 유일한 대상의 시계, 즉 실제 지각은 망막상의 유사함에서 나온 해석에 근거한 판단을 근거로 한다는 것을 인정하게 될 것이다. 단지 대상의 이중적 시계에 대해서 말하는 것이 적절한지, 시계를 망막에 미치는 충격으로 축소하는 것이 적절한지 아는 것이 우선 문제이다. 물론 안구에 압력을 행사하거나 눈 바로 가까이 대상을 근접시킴으로써 획득할 수는 있다. 그러나 정확하게 실제 시계의 정확한 고려가 아닌 인공적인 것이 문제이다. 감각에 대한 가설은 주지주의가 지적 행위의 반-추상 작용을 거기에 첨가함으로써 보완하게 된 추상 작용으로 보인다.

'밀랍 조각'에서 확인하는 바가 그런 것이다. 우리가 이미 얘기했듯이 데카르트는 물리적인 육체와 혼동함으로써 지각된 밀랍을 초월하고, 그런 조건에서 그가 "동일한 밀랍이 있다"라고 확언할 수 있는 것이다. 그러나 이 운동 자체는 순수한 다양성의 경험주의적 추상을 투사함으로써 지각된 밀랍 **이편에** 먼저 위치하고 있었기 때문에 가능할 뿐이다. 사실상 무엇보다 밀랍은 분산된 감각적 속성들의 총합으로 묘사가 된다. 그러므로 재현할 냄새·색·소리 등을 구분한다. 그렇게 함으로써 데카르트는 실제로 지각된 그런 밀랍을 고수하지는 않았다. 왜냐하면 사실 그 색은 이미 그 표면의 부드러움과, 딱딱하고 동시에 물렁한 조직을 예고해 주고, 그 자체가 무딘 소리를 낼 것을 예고하기 때문이다. 그러므로 데카르트가 밀랍을 통해 시작한 열거는 실제로 제시된 밀랍에 대해서는 하나의 추상 작용이다. 다른 한편 밀랍이 잘 받아들이는 변이는 아주 특별하다. 이런저런 성질들이 그 고유한 질적 장 내에서 변하게 될 생성에 있지는 않지만 존재에서 무로의 이행, 즉 소멸로 간다. 즉 "남아 있던 맛이 **빠져나가고**, 향기는 **사라지며**, 색이 **변하고**, 그 형태가 **일그러지며** […] 그것을 두드린다고 하더라도 더 이상 **어떤** 소리도 나지 않을 것이다." 그래서 데카르트는 밀랍의 용해가 이런 성질들의 파괴로 이어서 나타나도록, 가능한 내부 변이도 없고 고유 생성도 없는 각각의 성질을 정해진 실체로 정하고 있다. 명백히 이런 과정의 기술은 경험론자들의 재구성만큼 그렇게 경험에 충실한 것은 아니다. 텍스트의 서두를 두드러져 보이게 하는 것은 '내포한 꿀의 달콤함을 **아직 잃지 않은** 채집한 꽃향기를 **어느 정도는 아직 지니고 있는**' 밀랍 조각이다. 경험 이전에 생성을 자기 정체성 내에 통합하는 것처럼, 성질들은 사라지는 것처럼 묘사되었다. 그래서 이 성질들은 존재와 무의 교차를 따르지 않는 불확정 부분을 갖고 있다. 그런데 밀랍이 녹을 때 일어나는 일도 동일하다. 즉 그 단맛은 이미 발산중이고 냄새는 사라지는 중이기 때문에 맛이 사라지는 순간, 냄새가 날아가는 순간은 **정할 수 없는** 것이 사실이다. 단지 데카르트가 수용할 수 없었던 것은, 그것을 인식하는 것이 지각된 그대로 감각 성질이 변형의 내부 자체에 자기 정체성을 보존한다는 사실을 인정하는 것일 테고, 정할 수 없는 이 정체성을 자기 생성과 동일하다고 인정하는 것이기 때문이다. 이는 대상의 정체성이 감각 성질에 그대로 구성되는 것이라고 시인하는 것일 테고, 그때부터 지적 행위에 호소하는 것은 무의미하다. 성질들의 소멸에도 불구하고 밀랍의 정체성을 지키기 위한 그런 행위에 호소하는 것은, 모든 생성이 소멸에 이르도록 우선 정해진 일정한 방식인 성질의 추상적 개념으로서만 증명되는 것이 분명하다. 먼저 기술되었던 그런 밀랍은 통일성의 결핍을 나타내기 때문에 그 궁극적 특징 부여는 통일성의 과잉에 의해 표시되고, 변화무쌍한 그 성질의 다양성을 넘어 실제적 존재가 되는 것이다.

그런데 지각된 밀랍은 절대적 변화를 따르는 성질의 순수한 집합도 몸도 아니다. 즉 우리의 감성이 그 성질들로 꾸며지게 될 연장된 부분이다. 그 밀랍의 성질은 그 성질 사이의 각각이 그 나름의 밀랍이고, 그래서 어떤 지적 행위도 요구되지 않기 때문에 이미 통합된 밀랍의 성질이다. 지각된 밀랍은 색깔·냄새 등등의 총합 그 이상이고, 그러므로 성질에 내재된 것과 구분되는 몸의 통합을 상정하지 않는다. 그것은 단지 이성적 인식을 위한 몸이고, 역시 이런 인식을 위한 감각적 성질의 다양성이다. 이런 결론은 이미 형태심리학의 결과에서 싹트고 있었다. 만약 속한 형상에서 감각 내용을 바로 구분할 수 없다면, 원자적 다양성에 대해서 말하는 것이 더 이상의 의미가 없다면 형태의 통일성은 그러므로 지적 행위에서 나올 수 없을 것이다. 형태라고 칭한 이런 조직은 분산된 내용에 덧붙여질 실제적 존재를 지칭하지 않는다. 그 통일성은 조직하는 다양성과 함께이다. 멜로디가 음의 첨가가 아닌 음으로 활기를 넣어 주는 형태라고 하는 것은, 멜로디는 이 음들과 분리될 수 없고 선율적 측면에 놓일 수 없음을 의미한다.

3. 대상존재론

우리는 지각의 문제에 관한 전통 철학이 공유하는 주된 두 경향을 검토해 봤지만 지각이 거기에서는 **찾을 수 없는 것**, 즉 항상 그 자체와는 다른 것으로 환원되는 것임을 알게 되었다. 지각은 두 성분으로 나뉘는데, 사상가들은 마치 하나가 다른 하나를 동반하는 것처럼 그것에 관해 번갈아 강조하고 있다. 로크처럼 지각을 감각에 환원하는 것은 지적 행위에 의한 지각의 정의에 전례를 만드는 일이고, 데카르트와 같은 그런 정의에 자족하는 것은 지각의 감각적인 특성을 고려할 필요성을 드러내 주는 일이다. 이런 전복은 두 해결 방안 모두가 아마 추상적이고, 또 실제적인 지각에 연결되지 못함을 드러내는 일일 것이다.

그런데 두 경우에 있어서 무엇에 열림인 지각은 사물로 가득 찬 현전으로 묘사된다. 즉 의식 내에서, 대상에서 의식으로의 지적 현전 또는 감각인 이런 사물 성질들의 사실적 현전으로 묘사된다. 무엇이 사물로 고정되기 전에 나타나는 순간, 의식이 그것을(사물들) 소유하기 전에 실재를 발견하는 순간은 순수 대상의 위치를 위해 무시된다. 그리고 바로 이 대상의 모델은 원자적 감각인 이런 '심적인 것'에서부터 지각 대상을 재구성하기 때문에 경험주의적 관점에서 동일하게 작업중이다. 명백히 이런 관점은 실재와 대상이 의미하는 것을 지각의 중심에서 모색하는 대신, 이미 구축된 철학적 틀을 지각적 경험에 투사하는 것이다.

이런 철학적 틀은 존재(Être)와 같은 경험의 어떤 관념을 은폐하고, 그 결과 철학적 행위에 대한 어떤 관념을 은폐한다. 경험은 대상에 의한 시선의 충만, 투명한 소유로서만 의미를 가질 수 있다. 감각적 성질과 의식의 심적 우연이거나, 정신에서 의미 작용에로의 지적 충전에 관계되거나 주체는 완전히 현재를 통해 도달해야만 한다. 즉 체험된 것이든 이해된 것이든 체험의 순간은 체험으로 충만한 현전과 혼동된다. 달리 말하면 체험은 불만족, 윤곽선의 애매함, 불확정, 철회를 배제한다. 시선과 그 시선 대상과의 조정처럼 충만은 이 체험의 관념에 순수한 한정, 즉 대상과 같은 실재의 개념이 상응한다. 우리는 건물을 짓는 것처럼 체험이 불확정도, 불투명도, 뒤섞임도 없는 특성을 지닌 정신적인 원자에서부터 체험을 재구성한다는 것을 보았다. 즉 경험주의에서 붉음은 일률적으로 체험을 통해 단지 그러할 뿐이다. 모든 불확정은 처음에 서로 섞이는 또 다른 성질의 현전을 고려하게 된다. 그러므로 항상 불순에서 순수로 되돌아올 수 있어야 한다. 존재(Être)의 이런 관념은 주지주의적 관점의 기초를 이루는 것이고, 이를 위해서는 생각할 수 있는 단위의 관념으로서만 현전이 존재한다. 체험에 있어서 오성의 특권은 존재와 나타남의 정체에 구체적으로 기인한다. 그러니까 관념은 투명하고 이 투명한 관념을 충만하게 전해 준다. 즉 수의 관념은 수 자체와 수만을 나타낸다. 그래서 이런 두 가지 관점에서 대상에 적합한 한정이 존재하고 있는 바의 존재를 특징짓는다. 그래서 실재는 충만할 때 그것을 나타내는 것을 통해 머무는 한 단지 현전할 수 있다. 그러므로 현전은 충만의 동의어이다.

그런데 이런 존재론은 문제 제기된 바 없고, 빈번하게는 무의식적으로 **충족 이유 원칙**에 따른다. 실재의 특성은 다음의 중대한 물음으로 나타낸다. 즉 "왜 이 세상에 **아무것도 없지 않고** 무엇인가가 있는가?" 무엇인가가 있다는 존재의 의미는 존재하는 것, 즉 나타난 것에서 바로 포착되지는 않는다. 선결 조건 무에서부터 존재는 나와야 할 것이고, 그런 위험 속에 항상 있게 될 것이다. 우리가 언급했던 관점들은 무에 저항하는 것처럼 무에 근거한 존재만을 생각할 수 있다는 특성을 갖고 있다. 그로

말미암아 충만과 같은 존재의 관념이 생긴다. 말하자면 무가 부정적인 만큼이나 실제적인, 순수 실제성이란 이름만의 무의 부정성을 가질 수는 없다. 충족 이유 원칙의 관점에서 무엇은 무의 우려를 가로막는 것을 포함하는 한에서 단지 모든 실제성일 뿐이고, 충만하게 존재하고 있는 **것**이다. 실재는 순수한 한정이다. 왜냐하면 만약 사물이 존재하는 바를 통하지 않는다면 그것은 전혀 아무것도 아닐 것이기 때문이다. 존재와 무 사이에 선택의 여지는 없다. 그러므로 모든 철회, 모든 불확정은 금지되었다. 왜냐하면 최소한의 부정성도 무 안에서의 호흡을 뜻할 것이기 때문이다. 사물이 **최소한의** 비-존재라도 내포한 이상 **전혀 아무것도 아닌 것**은 아니다. 모든 지각이 이와 같은 형이상학적인 급변을 거친다고 말할 수도 있을 것이다. 그러므로 무언가가 나타나기 위해서는 무에 상반된 충만한 존재이어야 한다.

그런데 이런 존재론적 지평은 그 자체가 철학의 어떤 관념에 해당하고, 좀더 정확히 말하자면 사상가의 입장에 해당한다. 즉 철학은 거리두기·돌출·소속의 부재이다. 철학적 제스처는 항상 그 존재에 대해 주체적으로 질문하기 위해, 존재하는 것에 대한 무한한 거리두기를 하는 데 있고, 세상과의 모든 관계를 단절해 버리는 절대적 관찰자 입장에 도달하는 데 있다. 충족 이유 원칙에 내포된 무는 그야말로 사상가의 이탈, 세상과의 단절 이외의 아무것도 나타내지 않는다. 모든 소속을 부인하면서, 세상과 거리두기를 함으로써 철학은 실제를 총체화하는 수단을 갖는다. 즉 무에서 드러나도록 만드는 것이다. 존재의 부재에서 시작하는 철학은 세상 자신의 유배지와 동의어이다. 종종 주지된 철학이 시계에 특권을 부여하는 것을 이해할 수 있는 것은 이런 관점에서이다. 시계는 사실 한정된 장소에 설정되지 않은 거리를 둔 포착이고, 단 한 번에 통틀어서 그 대상을 이해하는 것이다. 즉 비록 지각 역시 보는 것이고, 보는 것이 지각으로부터 멀리 떨어져 있는 것일지라도 시계는 멀리 떨어져 있기 때문에 거리를 둔 먼 소유이다.

그러므로 충족 이유 원칙과 사상가의 편재에 따른 경험으로 충만한, 한정된 대상의 현존은 지각의 지배적 개념의 틀, 즉 그것의 인식 부족으로부터 제한한다. 속박 없는 주체가 지각자로 대체되고, 소여가 충만한 현존에 내몰리며, 지각이 또 다른 능력과 혼동되는 것이 동일한 운동이다. 지각을 되찾으려고 시도함으로써 우리가 이 철학적 틀을 문제삼는 것도 그래서 가능한 일이다.

II

지각의 현상학

후설의 현상학은 아마 이런 존재론적 외형에 심각하게 타격을 준 첫번째 위대한 철학임에는 틀림이 없을 것이다. 그의 현상학은 우선 현상의 현상성, 즉 나타남 그 자체로 복귀하고자 하고 이것이 체험의 본질에 대한 기술로 이끄는 철학이다. 그러나 처음부터 나타남을 주재하는 주관성을 향한 이 방향은 존재론적 서열에 대한 관심으로 고무된다. 그러니까 논리적 우주——이상적인——속에서 우선 존재하는 바의 존재 의미를, 그리고 다음에 존재하고 있는 바의 모든 연장에 따라서 그 의미를 밝히는 것이다. 존재와 주관성을 향한 이 이중적 방향이 놀랄 일도 아니다. 그러므로 이것은 후설이 이름 붙였던 '상관 관계의 보편적 **선험성**'을 설명해 주고, 그 **선험성**에 따르면 "모든 존재자는 가능한 경험 속에서 자기에게 속하는 소여 방식과 더불어 상관 관계 있음"[1]을 나타내 준다. 또한 이것이 후설 평생

---

1) Husserl, 《유럽 학문의 위기와 선험적 현상학》, trad. G. Granel, Gallimard, 1976, p.188.

의 연구가 되었다고 썼다. 여기서 존재자는 주체와 직면하고 있는 바일 것이고, 그 주체는 존재자의 의식을 지니게 될 그러나 달리 존재할 수도 있을 그런 **실제의** 의식을 가질 것이라고 이해해서는 안 된다. 후설은 어떤 존재자는 주관적 소여 방식에 준하여 그것으로서만 생각될 수 있음을, 즉 주체와 상관 관계의 관점에서임을 의미한다. 그것이 의미하는 바는 나타남이 하나의 존재 차원이라는 것이다. 마찬가지로 주체의 존재와 인간 존재에서 생긴 이 주관성은, 나타나는 존재자와의 관계와 무관하게 생각될 수는 없다. 바로 거기에 본질적이고 보편적인 관계가 있다. 그런데 우리는 이미 시작하면서 지각을 행위로 명명하고, 이 행위에 의해 주체가 있는 그대로의 실재와 관련된다고 했다. 그러므로 철학이 중심 주제로, 지각을 존재자와 주관적 상관 관계로 잡더라도 놀라운 일이 아닐 것이다. 결국 지각을 생각하는 것이 이 상관 관계의 보편적 **선험성**을 일관되게 구상하는 일이 될 것이다.

1. 환원과 지향성

후설의 존재론적 의문은 우선 과학의 자연 발생적 존재론인 자연주의적 비평을 거치지만 어느 정도 철학적 경향이기도 하다. 물리적 본성은 존재를 통해 이해해야만 하는 규범으로 간주되는 특징이 있다. 존재하는 바 모든 것은 자연의 일부를 이루어야 한다. 즉 시-공적 물(物)로서 교차하는 원인 계(系)에 놓여 객관적 특성을 부여받아 당연히 인식에 접근할 수 있게 존재한다. 자연주의적 태도는 결국 지각적 삶 속에서 작용중인 절대적 목적론을 자기 한계에 이르게 한다. 사실상 우리의 지각은 그 자체로서 놓인 것에 열림처럼 체험되며, 그 특성이 나에게 나타나는 외양의 시선을 내포하고 그것을 드러내는 것에 대한 것은 아닐 터이다. 그러니까 사물로 가득 찬 한정의 이성적인 지평은 지각 그 자체로 규정된다. 지각철학의 어려움 자체는 그렇다고 해서 실제적이고 자연적인 선재에 그대로 기반을 두는 것이 아닌 실재 선재의 자율적 체험, 이 현상에 구체적으로 응하는 데 있다. 모든 것을 물리적인 것의 존재 방식에 부여함으로써 자연주의는 의식의 명시성을 과소평가했다. 자연주의에서 이 명시성은 본성의 일부이고, 그 자체와 관계를 맺고 스스로 체험하는 사건들을 가진 이런 특성들과 구별되며, 본성과 동일한 의미로 존재한다. 그때부터 경험은 자신의 몸을 통해서 이 의식에 관한 외부 세계의 행위만을 구성할 수 있고, 그 덕분에 경험은 구체적으로 본성에 속한다. 감각 기관을 통해 의식에 작용함으로써 본성은 사람들이 외관이라 부르는 그 자체의 상을 낳는다. 어떤 점에서 경험주의가 이런 전제 사실에 의존하고 있는지 주목하자. 즉 감각이 되는 주관적인 이 사건에서부터 지각을 재구성한다는 것은 의식을 본성과 동일한 측면에 놓는 것이다. 그런데 데카르트적 시각 자체는 의식이 거기에서 '사유하는 것'으로서 명시되기 때문에 이런 전제 조건을 벗어나지 않는다. 자연주의에서 존재의 의미는 도처에 동일함이다. 즉 의식은 결코 존재적 명시성도 없고 의식이 속하는 본성과 상관된다.

후설로서는 그런 철학이 이끄는 일관성 없음과 모순을 분명히 하는 것이 어렵지 않다. 이것 중에서 가장 회의적인 것은 진술 속에서 그의 이론을, 가능한 이론의 조건과 반대로 정의한 것이다.[2] 자연주의는 진실, 즉 철학 그 자체로 시작하는 이론적 인식의 보편성의 의도를 증명할 수는 없다. 그러나 특히 후설은 존재란 일방적인 의미(방향)를 갖고 있는 것이 아니라 여러 영역을 내포하고, 그러므로 존재한다는 것이 도처에 같은 의미(방향)를 갖고 있는 것이 아님을 보여 주고 있다. 특히 의식으로서의 존재와 사물로서의 존재 사이에 기본적인 존재적 차이가 있다. 이것이 후설에게 자연주의로부터 철저한 전복을 시행할 수 있게 해주었다. 그러므로 모든 존재가 절대자를 가리킬 때는 더 이상 자연적 존재가 아닌 사물이지만 의식 그 자체인 것이다. 사실 나타나는 한 모든 존재는——그리고 결국 여기서는 존재의 유일한 의미——의식을 참조하게 될 것이다. 존재한다는 것은 세상의 작은 부분인 정신적인 감각에서의 의식을 확실하게 납득하지 못하는 한 의식을 위한 존재만을 가리킨다. 의식은 특성을 가진 다른 것들 중에서 한 영역만이 아닌 근원적이고, 거기서 다른 모든 영역이 그 의미를 끌어내는 절대적인 영역이다. 영역간의 존재적 차이라고 말해도 마찬가지이다. 그것의 존재 양식에 관계되는 차이가 나타남의 방식에 있어서 차이를 가리킬 것이다.

---

2) 접근 가능한 진실이 없다고 확신하는 것은, 내가 확언하는 사실 그 자체에 의해 내포된 진실의 요구에 반박하는 것이다.

후설은 거기에서 모든 존재가 자신의 감각을 끌어내는, 의식이 있는 이 절대에 접근할 수 있도록 해주었던 현상학적 방식을 '에포케'라고 이름 붙였다. 이것이야말로 진정한 철학적 성찰을 가능하게 해주고, 선입관과 나약한 삶을 넘어서게 해준다. 에포케는 특히 우리가 보았듯이 지각의 고전적 개념을 지배했던 전제들을 시험할 수 있게 해준다. 후설은 선-철학적 삶의 특징을 '자연적 태도'라 부르고, 이것은 세계의 즉자적 존재로의 믿음으로 정의할 수 있는 태도이다. 즉 지각 속에서 살아 있는 각자가 확신을 갖는 자연 발생적 존재론은 그 시선이 선재하고 있던 대상의 모호함에서 막 나왔고, 그 자율성이 주관적 변이에 대한 명백한 종속 관계에 의해 흔들리지 않는 확신이다. 자연적 태도에서 "나는 다른 모든 사람들이 동일한 방식으로 관계하고 마주치듯이, 나를 내 자신이 소속되는 시-공적인 유일한 실재로 만들면서 끊임없이 현존한다고 생각한다."[3]

에포케는 자연적 태도에 고유한 존재의 명제에 대한 '억압' '중화' '차단'으로 정의될 수 있다. 그러므로 거기에 또 다른 명제를 덧붙이는 것도 아니고 그것을 부정하는 것도 아닌 단순히 그 태도의 '사용'을 중단하는 것, 믿음을 중단하는 것이다. 사실 이 에포케의 기능은 존재론적이다. 그러므로 실재의 존재 의미를 묻고, 그 결과 자연적 태도에 주어진 것을 문제삼는 것이다. 그래서 에포케는 데카르트적 회의와는 다르다. 세상이 존재하는지 아닌지를 자문함으로써, 잠정적으로는 존재하지 않음을

---

3) Husserl, 《현상학에 대한 이념들》, trad. P. Ricœur, Gallimard, 1950, p.95.

가정함으로써 데카르트는 자연적 태도에 머물러 있다. 즉 세상의 존재를 부인하는 것은 그 의미를 묻는 대신 이 존재가 단번에 스스로 주어지는 것이다. 반대로 후설적 태도는 세상이 존재하는지를 묻는 것이 아니라 세상을 위해 존재하는 것이 **무엇을 의미하는지**에 대한 물음이다. 당연한 세상의 존재를 부인하는 문제가 아니라 오히려 어떤 의미에서 이 세상이 존재하는지에 대한 물음이고, 특히 세상 그 자체에 근거하는지 혹은 반대로 좀더 심오한 존재의 또 다른 영역을 가리키는지에 대한 물음이다. **에포케**는 그러므로 이 존재의 **현상**만을 존속시키기 위해 존재의 명제를 중화시킨다. **에포케**의 방법은 자연스럽게 그 언술 자체에서 이해된다. 세상의 존재를 괄호치는 것은 처음부터 지각하지 못한 채 머물러 있던 현전하는 것을 향한 시선의 전환을 가능하게 하는 것, 즉 나를 위한 존재의 차원, 세상의 현상성과 나타남이다. **에포케**는 의식이 스스로 이 광경의 조건이 되는 것을 드러냄으로써, 일종의 세상에 대한 의식의 매력을 단절시킨다. 그러므로 에포케는 거기에 종속되어 있다고 믿게까지 되었다. 그 존재를 중화함으로써 **에포케**는 세상의 현상성을 드러내고, 이 현상성의 요소로서 의식의 영역을 밝힌다. 그러므로 에포케는 존재의 명제가 세상에 대해서 아무것도 아니고, 세상의 존재 의미가 의식을 위한 존재라는 것을 드러내 준다.[4] 후설 역시 《데카르트적 성찰》에서 "**에포케**는 보편적이고 근원적인 방식으

---

4) 세상의 현상성과 의식에 대한 존재(또는 체험된 존재) 사이의 이런 등가가 물론 자명한 것은 아니다. 앞으로 우리는 이 점에 대해 보게 될 것이다.

로, 이를 통해 나에게 고유한 것인 순수한 의식적 삶과 더불어 순수한 자아로서 나를 포착하고, 그 삶 속에서 그리고 그 삶을 통해 객관적 세상 전체가 나를 위해 존재하는 바 그대로 완전히 나를 위해 존재한다"[5]라고 쓰고 있다. 세상의 존재를 의식에까지 연장함으로써 **에포케**는 결정적으로 자연적 삶의 존재론과, **하물며** 자연주의까지도 무효화시킨다.

존재(Être)에 대한 부담을 홀로 안은 이런 의식을 이해하는 일만 남았다. 최악의 실수는 표상의 집합소, 즉 실체처럼 그 자체로 닫힌 존재의 영역으로 의식을 파악한 데 있을 것이다. 후설의 면전에서 데카르트가 무너진 것은 구체적으로 이런 실수에서이다. 후설의 목표는 세상의 접근이 표상을 근거로 한다는 것을 확신하는 것은 아니다. 여러 다른 방식으로 해석될 수도 있고, 세상의 존재에 대해서 아무런 속단도 내릴 수 없을 것이다. 세상의 존재 자체가 의식 **속에서** 표상으로 분산됨이 없이 의식을 **위해** 존재하는 것, 즉 끊임없이 의미의 충만함 속에 세상이 존재한다는 것을 보여 주는 것이다. 만약 세상이 의식을 위해 존재한다면 이 의식 또한 세상을 위해 존재하고 있다. 후설은 사실상 브렌타노에 이어 이 의식을 **지향성**으로 특징지었다. 무엇에 관계되고, 무엇을 대상으로 하며, 그것과 다른 것에 스스로 열리는 의식을 가진 특성을 지칭한다. 그러므로 대상에 관계되지 않는 의식은 의식이 될 수 없다. 지향성은 반대로 의식의 **본질적** 특성을 나타낸다. 대상을 지향하지 않는 의식은 의식이

---

5) Husserl, 《데카르트적 성찰》, trad. Peiffer et Lévinas, Vrin, 1969, p.18.

되지 않도록, 그 자체와 별개의 관계는 자신의 존재에 속한다. 그러므로 체험은 대상을 현전하게 하는 관계에 선재하지 않고, 이 관계가 자신의 존재를 만든다. 그때부터 의식의 근원적인 영역에 귀결시킴으로써 후설이 환원이라 부르는 **에포케**의 의미 작용을 훨씬 더 잘 이해하게 된다. 사실 "세상의 존재에 관한 **에포케**는 바뀔 줄 모른다는 것 한 가지와 '세상'에 관련된 다양한 **체험 작용들**(사유)이 **그대로** 이 관계를 감당한다는 것이다. 그래서 예를 들어 이 테이블의 지각은 이전처럼 이후에도 이 테이블의 지각이다."[6] 세상의 존재를 중화함으로써 실체적 의식 내에서 표상을 내몰지는 않는다. 의식의 존재 자체가 이 세상을 향해 스스로 초월하기 때문에 반대로 이 세계의 초월성(선험성)을 보존한다. 지향성의 개념은 세상의 '의식에 대한 존재'와 세상으로서의 초월, 즉 세상의 일관성과 현상성을 양립시켜 준다. 세상은 한마디로 의식에 **대한** 대상으로서 의식 속에 내포된 것이지만, 의식이 관계하는 **것과** 정확하게 같기 때문에 체험처럼 실제로 현전함을 의미하지 않는다. 다만 지향적으로 내포되어 있다.

의식의 본질적인 이런 특징을 앞세움으로써 후설은 지각에 대하여 정확하게 이해하기 시작했다. 왜냐하면 그 속에서 주관성은 끊임없이 그 자체로 존재하는 초월성에 관심을 갖고, 외부 세계는 끊임없이 초월하는 의식에 노출되기 때문이다. 물론 모든 지향성이 지각적이란 의미는 아니다. 지각에 대한 명확한 사

---

6)《데카르트적 성찰》, *op. cit.*, p.28.

고는 명백하고, 동시에 난해한 이런 지향성의 개념에 대한 치밀한 구상을 한 것과 마찬가지이다. **에포케** 이후 세상의 초월이 지켜짐에 따라, 그리고 이러한 초월이 의식 내에서 구성됨에 따라, 체험이 갖는 무엇인가를 목표로 하는 능력에 의해서 우리는 '초월적 의식'의 현상학적 **에포케**에 의해 자유로워진 의식을 규정할 것이다. 이 초월적 주관성 안에서 이루어지는 이 모든 존재의 의미는 모든 것이 상대적인 의미뿐만 아닌, 모든 존재가 자기의 존재를 추출해 내는 '생산성'으로서 절대이다. 일차적으로 제한하기——세상에의 믿음의 중화이기 때문에——로 해석될 수도 있었던 **에포케**는, 반대로 초월적 삶의 이 '너그러움'을 자유롭게 해줄 수단이 될 수도 있음을 드러낸다. 그러므로 자연주의적 태도 안에서는 세상의 명제가 단지 부정적인 이 초월적 삶의 자기 망각·엄폐의 의미만을 갖는다.

2. 지각의 위치

모든 의식이 무엇을 의미한다고 할지라도 의미된 그 모든 것이 지각되는 것은 아니다. 그러므로 지각의 정확한 역할과 위치를 꼭 정해야 한다. 그것이 무엇이건 지향성의 특성은 심적 행위이다. 그러므로 모든 욕망은 욕망의 대상의 표적이 되고, 모든 기쁨은 즐거운 실재 등의 표적이 된다. 그런데 만약 이 모든 심적 행위가 정말 지향적일지라도 우리에게 모든 지향성이 그 자체를 관계된 대상의 면전에 두지 않는다. 브렌타노가 심적 행위라고 특징지었던 그 두번째 특징을 후설은 재파악하고 있다. "그것은 표상이거나 아니면 심적 행위의 기저가 되는 표상에 근거한다." 이것이 의미하는 바는 "만약 이것이 표상되지 않는다면 아무것도 판단되거나 욕망되거나 희망되거나 또는 염려되지 않는다"[7]는 것이다. 그래서 욕망의 대상은 욕망이 되도록 우선 대상이 되어야 한다. 그렇지만 그렇게 자신의 대상이 나타나도록 만드는 욕망이 그 자체에 의한 욕망이 될 수는 없다. 후설은 그러므로 다른 모든 행위에 대한 기초 역할을 하는 대상을, 표상의 기능을 가진 행위의 어떤 범주를 끌어내야만 했다. 후설은 그 기능이 대상과 우리가 맺는 관계임을 의미하기 위해 '대상적 행위'라 불렀다. 이는 바라거나 원하는 대신 대상을 고려하고 고찰하는 **이론적** 활동이다. 단지 대상 자체가 여러 가지 방법으로 우리에게 나타날 수 있다. 예를 들면 내가 표상을 글자 그대로 말할 필요 없이, 나에게 그것을 나타내지 않고도 상황을 묘사할 때 나의 말들은 어떤 의미를 지닌다. 영향을 미치지 않고도 대상에 관계되고, 현전 없이 '빈' 채로 관계된다. 그런 행위를, 언어학 표현에서 찾아볼 수 있는 의미 작용을 근거로 한 **의미 부여** 행위라고 부른다. 거기에서 대상은 그 자체로 현전하는 것이 아닌 신호를 매개로 관계된다. 이것은 단순히 관계되었던 것의 현전화로 의미 작용을 '채우고' '실현' 시키는 **직관적** 행위와 대립된다. 나는 상을 떠올리지 않고서도, 빈 채로 관계된 그

---

7) Husserl, 《논리 연구》, V, §10, trad. Elie, Kelkel, Schérer, PUF, 1961, p.172.

런 장면에 대하여 누군가에게 말을 건넨다. 내가 단순히 관계된 것의 직관을 부여하는 지각적 행위에 이르게 될 때 의미 부여 행위를 채우고, 충만되며, 내 단어의 의미가 현실화된다. 용어가 나타내듯 직관은 대상을 현전——또는 나에게 현전하는 대상——하게 하는 것이다. 의미를 채움으로써 직관적 행위가 정신과 사물의 합치, 즉 인식의 작용을 확고하게 해줄 것이다.

그런데 대상은 두 가지 방식, 즉 형상으로든 또는 몸소 '살과 뼈로' 든 현전(직관)할 수 있다. 전자의 경우에는 추억이나 상상(présentifications)을 말하는 것이고, 후자의 경우엔 지각(présentation)을 얘기한다. 지각은 그러므로 직관의 특수한 종, 즉 **원본적으로 부여하는 직관**이다. 즉 지각은 **원본적으로**, 그리고 대상 **자체**를 부여한다. "지각하는 모든 의식의 속성이 몸소 개별적 대상의 신체적 현전의 의식이 되는 것이다"[8]라고 후설은 썼다. **감각적** 특징에 의해 지각은 몸소 대상을 우리에게 현전하게 한다. 결국 우리에게 **존재를 현전화해 주는** 행위이기 때문에 지각의 위치가 가장 중요함을 보았다. 지각이 존재를 부여하기 때문에, 존재론적 의미인 동시에 방법론적으로 "모든 원본적으로 부여하는 직관은 인식의 한 권리 원천"[9]이기 때문에 지각은 근본적 행위이다.

요컨대 원본적으로 부여하는 모든 직관이 감각적인 것은 아니다. 사실 의미 행위는 개별적 대상에 적용되는 것으로 만족하지

---

8) 《현상학에 대한 이념들》, *op. cit.*, p.126.
9) 《현상학에 대한 이념들》, *op. cit.*, p.78.

않는다. 그래서 또한 범주——le · un · quelque · être · partie de 등——를 부여한다. 그런데 이런 의미의 범주적 계기들은 개체와 동일한 이유로 충족되기 쉽다. 그러므로 존재하는 개별자에게 부여하는 감각적 직관과, 범주를 나타내도록 하는 범주적 직관의 존재를 동시에 인정해야만 한다. 이것에 의해 범주라는 이 이상적 실재가 몸소 주어지게 된다. 달리 말하면 지각 개념의 연장에 접근하는 것이 꼭 필요하다는 것이다. 감각 가능한 지각인 협의의 지각으로부터 범주적 직관인 광의의 지각을 구분하게 될 것이다. 감각적 지각에서는 "우리의 시선이 닿자마자 외부 사물이 단번에 우리에게 나타난다."[10] 즉 감각적 지각은 대상에의 직접적인 관계이다. 반대로 범주적 행위는 **정초된** 행위이기 때문에 범주적 직관은 간접적 직관이다. "소문자 a는 대문자 A에 속한다"는 식의 관계가 있다고 가정해 보자. 이런 범주(~의 부분이라는)는 어떻게 이해되는 걸까? 지각 행위는 단 한 번에, 그리고 직접적인 방법으로 A를 포착한다. 지각의 두번째 행위는 A를 이루는 바탕과 분리되도록 a로 향한다. 그리고 이 두 행위의 어떤 융합에 의해 'A에서 이해되는 것'으로서 a의 이해가 탄생한다. 실제로 아주 복잡한 이 분석에서는 범주적인 직관이 항상 엄밀한 의미의 지각, 즉 감각적인 것에 근거한다는 것을 기억해야만 한다. 만약 감각적 지각이 원본적으로 부여하는 직관의 장을 고갈시키지 않는다면, 그것은 그럼에도 불구하고 비-감각적 모든 직관에 대한 **근거**가 된다.

---

10) 《논리 연구》, VI, §47, *op. cit.*, p.181.

후설은 그래서 지각에 가장 기본적 위상을 부여했다. 지각은 반드시 감각적인 것은 아닌 대상의 근원적인 현전화이다. 그러므로 관념적인 대상이 있다. 후설은 관념적인 것에 확실성을 부여하고, 그것이 경험주의가 인식하지 못한 것이었기 때문에 감각적인 것과 관념적인 것 사이의 구분을 당연히 했다. 그러나 다른 한편 관념적인 것은 자율적이지 못하다. 근거로 한 감각적 토대에서 생긴다는 점에서 후설은 플라톤주의에서 멀어졌던 것이다. 지향된 삶의 토대로서 모든 표적은 최후에는 지각을 가리킨다. 그러므로 어떻게 지각이 사물을 '살과 뼈로' 구체화시키는지 이해하는 일만 남는다.

3. 윤곽을 통한 소여성

지각에서 사물은 '몸소' 그 자체가 현시된다. 그렇지만 **전체가 아닌 부분적으로 파악되어서** 현전한다. 지각에 관한 고전적인 모든 전통의 근원적인 한계였었던 것은 실재가 '총체적'으로 존재한다는 조건, 즉 완전히 파악되어서 몸소 그렇게 현전할 수 있을 뿐이라는 것이다. 그래서 사물이 자기의 존재 속에서 영향을 미치는 지각은 불가피하게 남김 없이 충전된 방식으로 사물에 부여하는 하나의 지적 행위가 된다. 그런데 천재 후설은 지각에 관한 한 **이 두 차원을 분리하는 것**에 집착했다. 지각에서 사물 **그 자체**——오히려 형상으로 현전하거나 의미하는——로 현전함이, 보이는 **그 자체로서 나타남**——오히려 관점

에 따라서는 부분으로——을 의미하지는 않는다. 사물의 지각
적 현전이 남김 없는 소유와 대등하지 않다. 그러므로 거기에 사
물이 **있음**이 내가 그것을 거기서 **발견하게 될** 것이란 의미는 아
니다. 반대로 만약 지각이 사물 자체를 포착한다면 거기에서 그
사물은 결코 전체로 현전하지 않는다. 그런데 이것을 잘 생각해
보면 서로 대립되기는커녕 이 두 특성은 서로 호응한다. 만약
사물(어떤 '무엇')이 정말로 **초월적** 실재라면, 즉 나의 체험과
구별된다면 그것은 **전체로 존재할 수 없는 조건**, 적응에 저항하
고, 충전된 소여성과 다른 조건에서만 사물로서 현전할 것이다.
사물의 속성이 시선에 맞서, 즉 나를 초월하기 때문에 단지 사
물은 진정으로 부분적인 존재자 그 자체로 주어질 뿐이다.

  사물의 본질을 체험——존재와 나타남의 동일체인 자신의
존재–체험 속에서 완전하게 현전하는——의 본질과의 차이로
특징지음으로써 후설은 이 주된 직관이 **윤곽에 의해** 주어지는
것처럼 명시했다. 내 눈 아래 테이블이 있다고 가정하자. 나는
그 주변을 돌든지, 떼어 놓든지, 가까이 두든지, 손으로 쓰다듬
든지 등등을 할 수가 있다. 그러므로 이 테이블의 지각이 끊임
없이 변한다 할지라도 나는 끊임없이 동일한 테이블의 존재에
대한 의식을 갖는다. 엄밀하게 그런 것이 지각의 신비이다. 그
리고 후설의 '해결'은 마치 문제——하나 혹은 다수의 존재와
생성 등의 엄격한 교차(較差)에 정초한 철학에 대한 문제——가
거기 있었던 것처럼 하나의 해결책을 찾으려는 것이 아니라, 단
지 이 '신비'가 지각의 본질이고 거기서 결론을 끌어내려고 이
해하는 것이다. 그러므로 시간 속에서 흘러가면서 변화하는 체

험인 이 테이블의 **지각**을, 이런 변이 속에서도 동일한 지각된 테이블과 구분하자. 이 테이블은 수많은 체험 속에서 **윤곽이 잡혀 가는** 것 같다. 이 윤곽이란 말이 의미하는 것은 무엇인가? 각각의 체험은 동일한 테이블의 체험이다. 즉 단순한 재현이 아닌 테이블을 위해 자기를 초월하는 것, 자기 현전을 향해 열리거나 오히려 현전 그 자체인 것이다. 각 윤곽에서 테이블은 마치 그림에서처럼 현전하고, 그 윤곽은 이미 변할 그림이다. 그러나 다른 한편 윤곽은 단지 윤곽일 뿐, 아직은 그것이 변할 그림은 아니라 똑같이 교묘히 피해 가는 것이다. 윤곽이 테이블 자체를 나타내지는 않지만 그것은 어떤 관점에서, 어떤 측면에서만이다. 만약 그 윤곽이 그 테이블 자체를 보여 준다면 충만한 출현과 달리 베일에 싸인 현전이다. 그래서 윤곽은 대상을 위해 스스로 지워지고, 동시에 현전하는 모습에 대한 대상을 지운다. 윤곽은 충만한 현전과 달리하면서, 즉 초월성을 유지함으로써 대상을 나타낸다. 즉 윤곽인 이 나타남에서 대상이 현전하지만 **그것을 나타내는 것과는** 항상 **다르게**이다. 지각 대상의 양면성은 대상이 되고, **그리고** 대상이 되지 않는 이 신비로운 윤곽 안에서 집중된다. 대상을 나타내지만, **그러나** 이 대상이 본래의 현전 뒤로 물러나는 식의 그런 측면에서이다. 그것은 투명성과 불투명성의 동일체이다.

그런데 윤곽이 대상을 제시하고 그 현전과 모습을 달리하는 한 그 윤곽은 무한히 가깝고도 무한히 멀리 있고, 사물과 그 현시 사이에 포착할 수도 없으며, 건널 수 없는 차이를 메우기 위해 항상 새로운 대상을 명시하는 윤곽의 순환, 끊임없는 체험의 증식을 부른다. 매순간 사물은 손이 미치는 거리에 있고, 지각역시 이 사물 자체에 나를 열면서도 나에게 한치도 다가서지 못할 새로운 지각이 나타난다. 막 흘러간 것을 여전히 그 속에 붙잡고 있는 각각의 새로운 양상은, 이 미래가 현재가 될 때 확인되거나 무효화될 나타남의 확실한 방식인 미래 양상의 흐름의모습을 알려 주고 규정하고 있다. 윤곽은 그러므로 진정 **시간**의관점만으로 이해될 수 있다. 그러므로 그 안에서만 이 존재(사물)와 이 비-존재(사물이 아닌)의 조정이 가능하다. 윤곽의 애매한 존재는 시간의 애매한 존재를 나타낸다. 사실상 스쳐 지나가는 한 현재——성 아우구스티누스가 말한 그 속에 우리가 어쩔수 없게 갇힐지도 모르는 영속성이 아닌——는 이미 지나가,그 결과 자신의 미래에 잠식되는 것이다. 그러므로 미래의 지평을 향해 이끌려 가게 되는 것이다. 그러나 다른 한편 시간이 흘러 단 한 번에 주어지지 않을 때, 내가 현재에 있다고 말하는 것은 미래가 아직 도래하지 않음을 인식한다는 것이다. 즉 현재는일어날 것은 아닌 것이다. 시간은 흘러가기 때문에 자신의 미래이고, 그러므로 미래를 향해 자기를 초월하는 것이며, 명확하게**이** 현재는 지나가기 때문에 자신의 미래가 아니다. 시간의 관점에서 윤곽은 존재하지 않는, 그러므로 대상과 달리함으로써 대상을 위해 자기를 초월한다고 이해하게 된다. 즉 그 속에서 체험되는 현재가 자신의 미래이고 또 아니다.

윤곽에 대한 이 첫번째 기술이 아직은 추상적이고 지각을 이루는 바를 명백히 해야 하는 일이 남아 있다. 윤곽은 감각의 소여, 즉 후설이 질료 또는 **힐레**(hylè)라고 명명한 감각적 체험이다. 우리가 이미 예견한 구분을 여기에서 밝히면 "나는 듣는다"라고 말할 때 두 가지를 의미한다고 할 수 있다. 즉 "나는 소리에 민감하다. 나는 소리를 느낀다"와 "어떤 소음을 지각하고 어떤 심포니를 듣는다"라고 할 수도 있다. 그래서 후설은 (지각의) 질료에 의해 감각의 순간을 듣는 것이지, 그것을 통해 그 안에서 느껴지는(지각되는) 대상의 측면은 아니다라고 했다. 이른바 지각의——충만된, 사물 그 자체의 현전화——**직관적** 차원을 보장해 주는 수용의 순간은 그 자체가 체험을 초월한 대상적인 것을 야기할 수 없는 순간이다. 그러므로 공간적으로 존재하는 지각된 붉음——이 테이블의 색 같은——과 체험으로서만 존재하는 붉음의 감각을 혼동해서는 안 된다. 즉 윤곽은 느껴지지만 지각되는 것은 아니고, 한 대상을 현존하게 하지만 스스로 나타날 수는 없다. 이 질료적·힐레적 소여는 후설이 말한 소위 지각 기능을 보장해 주는 무엇인가를 나타나게 하는 대상의 현시의 위상을 부여해 주는 행위, 즉 이해로 고무되었다. 또한 내재적 체험인 이 행위 덕분에 실제로 우리 안에 현전한다. 즉 의식망에 속한 감각으로 활성화된 감각적 소여는 '현시적'이고 '형상적' 기능을 실행, 즉 무엇을 현전화한다. 그러므로 후설이 '노에시스'라 명명한 이런 작용에 의해 체험은 대상을 위해 지워지고 무엇의 윤곽을 잡게 된다. 지향성을 떠안은 이런 행위가, 여러 양상이 되는 대상을 향해 초월할 수 있는 힘을 감각 체험에 부여한다. 노에시스는 질료에 대한 형태처럼 힐레적 내용에 속한다. 감각적 내용에 의해 윤곽이 잡힌, 즉 노에시스에 의해 관계된 대상 자체를 후설은 '노에마'라 불렀다. 노에마는 그렇게 지각된 대상이다. 첫 두 계기들은 의식 속에 실제로 내포되는데, 즉 진정한 체험인 데 반해 노에마는 지향적인 극으로서만 의식에 속한다.

이와 같은 분석에서는 지각적 나타남을 절대적으로 준수하는 묘사, 그 전문성 이상으로 인식해야만 한다. 한편 이 나타남은 무엇의 나타남이다. 그러므로 노에시스에 의한 감각적 체험이 노에마적인 단위를 윤곽잡을 수 있는 것이다. 다른 한편 사물은 나타나는 사물로서만 의미를 갖는다. 그러므로 노에마의 단위는 질료적 체험에 근거해서만 윤곽을 드러낼 수 있다. 즉 감각적으로 형태가 잡힌다. 그러니까 노에마의 단위는 나타나는 감각적 계기에 전적으로 달려 있다. 요컨대 **힐레**와 노에시스——형태에 의해 단지 활성화된 질료가 있지만 또한 질료만을 활성화하는 형태가 있는——사이의 이 통합에 의해 사물의 선험성과 감각적 현시는 딜레마를 만들지 않는다. 예를 들면 지각에 대한 고전적인 개념(데카르트적인)의 시각과 구별되는 차이를 여기서 추정할 수 있다. 윤곽에 의한 소여는 어떤 경우에라도 대상의 인식 속에서 주관성의 제한을 의미하지 않는다. 후설의 말처럼 " '우리의' 지각이 단순한 윤곽에 의해 사물 자체에 이를 수 없음이 '우리 인간 구성' 의 우연성이나 사물의 불가항력적 특성은 아니다."[11] 윤곽은 밀랍——오성에 의해서만 접근 가능——자체를 제시해 주는 것이 아니라 밀랍에 주어졌던 **외관**에 대한 규정을 갖고 있지는 않지만 우리 인식의 유한성, 우리의 육

---

11) 《현상학에 대한 이념들》, *op. cit.*, p.137.

화된 조건만을 표명할 뿐이었다. 데카르트에 있어서 '신'은 감각적 외관을 거치지 않고 연장된 일부분으로서 밀랍으로 곧장 들어가는 것이다. 후설은 반대로 윤곽에 의한 소여성은 사물의 **본질** 자체를 규정해 준다. 즉 실재는 윤곽에 의해 주어지는 것이 아니라 존재가 나타남과 함께 뒤섞이고, 그러므로 자기 현시에서 전체로 나타나게 되는 지각된 사물이 아닌 체험된 것이다. 끝으로 이런 혼동은 지각에 대한 고전적인 근본 개념이었다. 즉 사물은 정신이 그 자체에 현전하는 것처럼 적어도 권리상 정신에 현전하기 쉽다면 단지 주어지게 될 것이다. 그때부터 후설은 '신'에 대해서조차 사물은 윤곽에 의해 주어질 거라고 확언을 할 수 있었다. 그러므로 이런 결론을 거부하는 것은 우리에게 초월이 실제로 적어도 완전무결한, 즉 초월적 사물과 내재적 체험을 혼동하게 되는 의식에 속할 수 있음을 인정하게 된다. 윤곽에 의한 소여성은 이 사물에 대한 우리 인식의 우발적 조건이 아닌 지각된 사물의 본질을 잘 설명해 준다. 초월성으로서 사물은 이루어질 수 있는 모든 경험을 넘어선다. 그리고 이 초과는 제한이 없다. 사물과 그 특이한 지각 사이의 차이는 줄일 수 없을 것이다. 다르게 말하면 윤곽은 **기호**나 **상**과 혼동해서는 안 된다. 기호나 상으로서의 사물 자체는 부재이다. 이것은 내가 사물을 현전하게 할 수 있고, 그 자체로 사물과 결합할 수 있음을 뜻한다. 즉 부재는 여기에서 가능한 현전의 이면이다. 반대로 윤곽은 자기의 초월성이 보존된 사물 자체의 현시이다. 그러므로 이런 한도에서 사물의 현전은 내가 채울 수 없는, 즉 다른 가능 현전의 이면이 아닌 부재의 차원을 내포하고 있다. 윤곽에

대한 사물의 초과는 다른 곳에서 또는 달리 결합할 수 있는 선
험적 초월성에 해당하지 않는다. 윤곽은 어떤 경우에라도 부재
한 실재의 위치를 차지하는 것은 아니지만 현전과 부재의 근원
적 단위는 유지한다. 그래서 후설은 지각 대상 안에서 선험적
차원과 현시적 차원을 양립시킬 수 있었다.

　거기에서 후설은 지각 대상의 두 가지 본질적 특성(불충전성 ·
우연성)을 부여했다. 사물의 소여성은 항상 새로운 양상으로 규
명되기 쉬운 불명확한 지평이 존속하기 때문에 무한히 불완전
하다. 그런 경우에는 인식의 특징이 아닌 지각 대상 자체의 특
징에 관계되는 일이다. 그러므로 윤곽으로 주어진 것은 그 자체
에서 항상 축소되거나 과잉된다. 그래서 사물의 충분한 소유에
의한 윤곽의 변화를 완성할 수는 없다. 상관적으로, 윤곽의 집
중으로 여기까지 적용되었던 것을 약화시키는 경험의 차후 변
화가 항상 생길 수 있다. 그러므로 내가 실재처럼 수용했던 것
은 환상으로만 존재함이 확인될 수 있다. 사물의 실재는 항상
추정된 실재로만 머문다. 그래서 지각은 원칙적으로 환상의 위
험을 내포하고 있다. 그래서 그만큼 이상하게도 사물이 이 사물
의 **존재 양식**을 특징지을 수 없다는 가능성이 생길 수 있는 것
이다. 우연성이 더 이상 본질과 존재 사이의 관계를 나타내지는
않지만 존재 자체의 규정이다.

　후설의 시각은 우리들을 지각의 고전적 개념으로부터 괄목할
만한 진보를 할 수 있도록 궁지에서 벗어나게 해주었다. 감각의
체험이 이해에 의해 활성화됨을 보여 줌으로써 후설은 경험주
의를 초월하게 되었다. 사물은 원자적 감각의 집합이 아니라 그

감각들 중의 각각에 관련된, 감각의 각각이 현시하는 것과 동일한 것이다. 후설은 지각을 단지 단일 감각의 이해로 생각하는 주지주의의 요구에 응했다. 그런데 이 감각은 실제 존재가 아닌 오성에서 접근할 수 있는 것이다. 사실 만약 노에시스가 감각적 질료를 활성화시킨다면 사물의 단위가 감각적 측면에서만 윤곽이 잡힌 단위이고, 우리 지각의 부분적 특성이 선험적인 사물의 본질을 정의해 주기 때문에 이 노에시스는 자기 차례로 이 질료에 속하게 된다. 이런 관점에서 후설은 경험주의에 근접했던 것이다. 즉 지각된 실재는 자기의 감각적 소여성과는 불가분적이다. 윤곽 이론은 지각 대상을 순수 다양성과 실증적 통합, 감각적 우연과 객관적 존재에 대한 대립——그 대립이 어떤 음모를 은폐할지도 모른다고 알고 있는——을 넘어 생각할 수 있게 해 준다. 후설과 함께 지각은 **찾을 수 없음을 중단한다**. 감각이나 지적 행위로 환원되는 대신 지각은 특수한 지향성처럼 나타나, 거기에서부터 추상적 계기로서 감각과 오감의 단일성과 다양성을 고려할 수 있게 되었다.

4. 난관들

지각의 문제에 있어서 후설 철학이 나타내는 진보적 의견을 과소평가해서는 안 된다. 그는 지각에 대한 선행 개념들의 기초가 되었던 자연주의를 근본적으로 문제삼았다. **에포케**에 의해 나타남의 영역을 드러내고, 지향성 개념으로 주체와 대상의 보편적 상관 관계를 완성하기에 이르렀다. 지향성을 실재와의 접촉으로 기술한 윤곽에 의한 소여성 이론은 그 독창성으로 지각적 활동을 고려할 수 있게 했다. 만약 후설에 의해 시행된 개념화가 지각에 관한 한 그의 주된 직관에서 후퇴한 것은 아닌지 자문해 볼 수는 있다. 지각적 지향성 이론은 지각의 진정한 철학의 길을 열어 주었으며, 즉 생각해야 할 것이 있다는 것은 의심의 여지도 없고, 또 그런 측면에서 후설적 인식은 결정적이다. 단지 후설은 진정으로 윤곽의 관념에 의해 내포된 것을 명백히 하는 지향성의 **존재** 자체에 대한 괄목할 만한 진보를 찾아볼 수는 없다. 이런 주개념들은 이 개념들이 내포한 직관을 왜곡하거나 변형시키는 데로 이끌지는 않는지 자문해 볼 수 있는 범주의 도움으로 재포착된다. 지각에 대한 후설적 주제가 그것을 강화시키는 직관에서 후퇴한 것이라고 단정하는 것은, 결국 지양하기를 바라는 주지주의와 경험주의에 종속된 채 그들의 선행자에게 보내는 비평을 피할 수 없음을 인정하는 꼴이다. 간단히 말하면 우리는 대상으로 가득 찬 한정의 지평——물론 지각의 대표적 특징에 내재한 지평——을 유지함으로써, 또 상관적으로 나타남을 총체적 실제 체험에 종속시킴으로써 후설은 지각적 지향성을 분리하고, 대상의 형태가 이루어지는 이런 지각적 관념에 의해 내포된 것을 실제로 생각하는 것을 금했다.

우선 지각된 사물의 충분한 소여 지평이 후설적 구조에서 없는 것은 아니다. 명백히 요구되기조차 한다. 윤곽 이론은 그것중의 각각이 우리들에게 사물을 현시해 준다고 할지라도 오히려 그런 이유로 그것의 변화가 우리를 윤곽에 근접하도록 하는 것이 아님을 의미한다. 그러므로 모든 현시는 동시에 뒤틀림이 있다. 그러나 그렇다고 그것이 사물의 지각에 대한 불충전성과 불완전성에 대해서 말한다는 의미를 갖고 있는 걸까? 만약 단어의 선택과 무관하지 않다면 윤곽 이론이 거부한다고 여겨지는 사실, 즉 외양의 변화를 통한 사물 그 자체의 점진적인 발현의 관념에 속한 채 머물러 있다고 인정해야만 한다. 불충전성에 대해 말한다는 의미는 가능한 충전된 지평에 관련되는 것이고, 우리를 대상 자체로 충만한 소유에 근접시키는 양상으로서 윤곽의 개념을 향해 역행하는 것이다. 윤곽이 불완전하게, 또는 불충분하게 사물을 만들어 낸다고 말하는 것은 충분히 한정 가능한 자율적 대상을 사로잡아 주관적 인식의 고전적 시각을 공유하는 것이다. 엄밀하게는 대상이 필연적으로 나타내는 것으로부터 떠난다는 의미에서 만약 윤곽이 진정으로 '불완전' 하거나 '불충분' 하다면, 이 표현들이 부정적으로 나타낼 가능성은 더 이상 하나도 없기 때문에 이런 **표현** 자체를 단념해야만 한다. 그러나 이런 어휘들이 우연만은 아니다. 후설은 사실 그런 의미의 근거에 대해 자문해 보고, 또 대상의 진정한 존재의 관념이 암시하는 것에 주목한다. 그것 없이는 진실을 말한다는 것은 아무런 의미도 없다. 따라서 "가능한 의식의 관념은 원칙적으로 존재하는 모든 대상에 해당한다. 그 속에서 대상 자체가 근원적으로 포착될 수 있고, 그때부터 완벽하게 충전적이다."[12] 이성적 인식의 가능성에 의해 내포된다는 것은 지각적 소여성의 특성

12) 《현상학에 대한 이념들》, *op. cit.*, p.478.

과 갈등이 시작될 수도 있을 것 같다. 이 두 주장을 화합하기 위한, 후설에 의해 제기된 해결 방법을 고집하지는 말자.[13] 지각적 체험에 대한 고려와 이성주의에서 나온 개념 사이의 긴장의 느낌만을 기억하자. 이 개념은 그 근원이 충족 이유 원칙에 있었던 사물이 남김 없이 현존하게 될 지각을 인식에 맞추는 경향이 있는, 이미 우리가 본 의미의 '실증주의'에 사로잡혀 있는 것이다. 단지 이런 긴장은 지각을 사실상 후설의 경우와 마찬가지로 **사물**의 지각——우리가 본 지각은 특히 **대상적** 행위이다——처럼 정의하는 이상 피할 수 없는 것이 아닌가? 특수한 성질을 부여받았기 때문에 닫힌·끝난·충분히 한정 가능한 실체, 즉 사물에 대해 말함으로써 우리가 충분한 소여의 시각을 열지 않는 걸까? 윤곽에 의한 소여성 이론과 사물의 범주 유지 사이에 근본적인 비양립성이 없는 것이 아닐까? 지각된 대상, 즉 그 '무엇'이 사물과는 아주 다른 것은 아닐까?

한편 후설의 주관성에 대해 기술한 내용이 그의 지각 이론과 일관되는가? 만약 우리가 보았던 것처럼 대상이 그 나타남에 대해 독립적인 경향이라면, 그 나타남 자체가 먼저 **모든 대상으로부터 독립되었기** 때문에, 즉 주관적 사건의 집합으로 환원되었기 때문이 아닐까? 사실 후설은 지각적 지향성을, 지향적 기능을 보장해 주는 노에시스적 행위와 감각적 소여라는 체험의 두 범주 사이의 분절로 묘사했다. 그런데 후설이 끊임없이 반복했

---

13) 칸트적 의미의 관념 형상으로, 지각된 사물에 대한 충전적 소여성의 가능성을 유지하는 것, 즉 사실상 실현 불가능한 것으로 생각할 수 있는 것.

던 이 체험은 당연히 반성에 좌우되기 쉽다. 즉 '내재적 지각'의 대상이 되기 쉽다. 그러므로 현상학의 근원 자체인 체험에 대한 반성은 존재와 나타남의 동일체인 자기에의 현전으로 특징지어진 이런 체험의 존재 자체에 근거한 것이다. 감각적 체험과 노에시스에서부터 하는 그와 같은 묘사——재구성과 유사한——는 곤란하게 된다. 어떻게 한번 분리되었던 것이 진정으로 통합될 수 있는가? 어떻게 감각적 내용이 이해력에 의해 활성화될 수 있는가? 즉 만약 감각적 내용이 항상 그랬던 적이 없었다면 어떻게 대상의 측면이 될 수 있는가? 만약 진정으로 질료적 소여를 구별할 수 있다면 어떻게 한 행위가 외부적으로 먼저 결핍된 현시 기능을 부여할 수 있는지를 알 수 없다. 달리 말하면 내재적 감각 소여와 대상의 대응된 양상 사이의 구분에 관한, 즉 체험된 붉음과 공간적 붉음 사이의 관련성에 대해서 묻는 것이 정당하다. 지각되지 않고 엄밀히 체험된 붉음이 사실 무엇을 의미할 수 있는가? 즉 저기 있는 이 붉음의 존재 없이 이 대상의 붉음이 무슨 의미가 있는가? 후설이 오랫동안 주저했던 이런 구분은 내재적 감각 내용인 감각에 대한 경험론자적 관념에의 양보로서 나타났다.

노에시스가 바로 대상에의 열림인 현시의 기능을 보장해 준다. 이 노에시스 역시 의식 안에서 실재 내용인 내재적 체험이다. 그런데 사람들은 어떻게 내재적 체험이 초월성을 나오게 할지에 대해, 즉 어떻게 그 자체의 의식을 나오게 할 수 있을지 자문해 본다. 또 자기의 또 다른 의식 관계가 근거를 두는 행위를 의식의 **내용**으로 생각하는 데 어려움은 없는가? 아니면 이런 관계가 구체적인 행위에 근거를 둔 의식의 사실로 생각될 수 있는가? '질료'인 이 추상은 그것을 노에시스가 활성화해야만 되는 반-추상을 초래한다. 그런데 사실 노에시스는 의식 내에서 뒤늦게 지각된 대상의 분출처럼 나타난다. 즉 내재적 내용에서부터 모두 재구성해야만 하기 때문에, 감각적 현전의 책임을 진 체험의 존재를 상정한 후 대상을 전해 주는 기능을 가진 체험의 존재를 상정하게 될 것이다. 그런데 어떻게 어떤 체험은 의식이 외부 대상에 쏠리는 것을 가능하게 할 수 있는가? 후설은 결국 실제로 그것을 넘어서기보다는 주지주의와 경험주의를 공모했다. 경험주의와 주지주의의 대립과 공모는 초월적 의식 내의 이중적 형태하에서 결국 불가해한 질료와 형태의 통일로 내면화되었다.

후설은 변화에 의한 난관에 봉착하게 된다. 이 변동에 의해 현상학적 장에서 환원에 의해 해방된 그런 나타남에서, 이런 나타남을 보이는 채로 체험으로 '충만된' **의식의 자리로** 옮아간다. 사실상 그런 나타남은 붙잡을 수 없는 채 그 모든 본질이 나타날 수 있도록 스스로 지워지고, 다른 것을 현시하기 때문에 어쨌든 어떤 확실성에 환원될 수 없다. 나타남의 신비는 바로 우리가 나타나는 정체를 그 즉시 인식하기 위해서만 그것을 구분하는 데 있다. 그런데 후설은 나타남의 소멸을 고려하지는 않고 의식의 체험을 초래하는 이 확실한 존재를 무엇보다 우선시했다. 그러므로 그는 현상의 자율성을 인식하지 못하고 실재 존재, 즉 체험을 지지했다. 우선 세상의 현상학적 특징, 즉 **나타난 것**으로서의 세상을 지칭하는 것 같았던 주관적인 것은 그 현전의 요소인 존재의 특성과 주관성을 지칭하기에 이르고, 어떻게 주관적 내용이 초월성을 잘 나타나게 할 수 있는지를 이해해야 할 필요성 앞에 서게 된다. 후설은 실증적 존재의 위상을 부여하는 의식의 형이상학에 종속되어 있다. 나 자신의 자기 확신은 단번에 자기 지각, 자동-소여성처럼 해석된다. 즉 비록 대상의 현존이 체험 그 자체 이외의 아무것도 아니라 할지라도 말이다. 그런데 그렇게 하면서 **나타난 것**(apparaissant)을 가지고 **나타남**(apparaître)을 **재구성**했기 때문에 후설은 모순이라는 비난을 받았다. 지각 대상을 가지고 지각을 만들어 내고 이 지각 대상은 '내재적' 대상이라는 사실, 즉 체험이 거기서는 아무것도 변화시키지 않는다. 그것으로서 후설은 그가 거부하는 시각을 부분적으로만 초월한다. 장 파토카가 말한 것처럼 "본래 객관적이거나 자아 논리적으로 주관적인 종인 존재자로부터 설명하기 불가능하고, 그 안에 나타나는 어떤 존재자에게도 환원될 수 없는 그런 현상의 존재인 현상학적 장이 있다."[14] 그래서 지각 대상의 특성이 대상의 전형에 따르기 때문에, 결국 모두 지각하는 자의 특성——지향성——또한 동일한 이유로 연루된다. 지각은 체험의 실증적 존재로 환원된다. 이 두 가지는 상대적이다. 즉 지각 대상을 그 나타남의 현상 밖으로 위치시킴으로써, 즉 그것을 대상화함으로써 이 현상 **밖으로부터** 지각하는 것을 불가피하게 파악하고, 체험의 존재, 실증적 존재를 만들며, 그

---

14) Jan Patocka, 《현상학이란 무엇인가?》, trad. E. Abrams, Millon, 1988, p.238.

다음에 그 만남에서는 해결할 수 없는 중대한 문제에 봉착하게 된다. 후설은 그래서 맨 처음 특성이 제거된 이 지각을 끝까지 생각하는 것을 스스로 금했다.

III

지각적 삶

　지각에 대한 독창적 이해에서 나타난 명백한 진보에도 불구하고 후설적 시각은 자연스럽게 전제된 기본적인 선행 개념과 상당량 공유하고 있다. 지각된 것은 단번에 대상과 동일시되고, 지각이 도달하는 '것'은 하나의 사물이다. 지각에 대해서 말하자면 이는 대상화하는 행위, 즉 표상이다. 결국 지각하는 주체의 특징은 바로 주관성 또는 의식이다. 문제되지 않은 이런 동일시에 따르면 지각 자체는 빠졌고, 결국 감각에 의거한 대상적 인식으로 환원됨을 보았으며, 이것이 공통된 전제 사항에 대해서 자문하는 대신 주지주의와 경험주의를 동시에 옳다고 인정하게 되었다. 만약 우리가 지각을 이해할 수 있는 기회를 갖고자 원한다면 우리는 이런 의사-명증성에 직면해야만 한다. 그리고 우선 이것들 중 처음 직면한 명증성에 의해 지각하는 것이 주관성이다. 여기서 문제되는 것은 주관성보다는 **그 존재의 의미**이다. 하이데거가 《존재와 시간》의 서두에 적었던 것처럼 **숨——cogito, ergo sum**에서의 나는 존재한다——의 존재, 즉 생각하는 혹은 지각하는 존재를 규정하지 않은 한 지각으로부터 우리는 코기타치오──데카르트적 '나'의 사유, 생각하는 '나'의 사유──의 규정에서 한발도 앞으로 못 나갔다. 후설의 오류는 체험의 소재지를 만들면서 지각하는 주체의 존재를 객관적인(혹은 실증적인) 방식으로 미리 구체적으로 한정한 것이다. 그러므로 주관성의 가능한 유일의 의미로서 체험을 구성하는 대신, 이런 전제 사항을 무시하고 **누가** 지각하는가라는 간단한 질의를 제기하는 것이 꼭 필요하다. 그 대답은 **'생명체'**가 지각한다이다. 이 대답은 이미 아리스토텔레스가 지각과 인식을 위한 영혼은 존재 이전에 유기체의 몸 형태, 즉 생명체라고 했던 사실에 주목하자. 영혼은 인식보다도 오히려 살아 있는 존재를 우선 가리킨다. 그러므로 아리스토텔레스에서 인식은 삶의 차원이다. 지각의 주체는 **살아 있는 것**으로, 지각은 **운동**을 내포한 것으로, 지각 대상은 이제 후설 현상학에 의해 예언되었던 수행해야 할 **세상**으로 생각한다는 조건에서임을 제시해야만 한다. 단지 순수하게 이론적 시각에서 삶의 특징인 불만족에 부응하는 세상의 깊이와 불확정을 무에서 나온 대상의 충만함과 대립시킬 수 있을 것이다.

1. 베르그송적 사고의 전환

《물질과 기억》에서 베르그송은 삶에서부터 지각을 구체적으로 접근시킴으로써 모든 전통과 과감히 멀어졌다. 실재론과 이상주의는 지각을 행위로 생각하는 공통점이 있다. 그 행위로 세상은(즉자적 실재) 세상의 일부인 신체−주관, 특히 뇌를 통해 그 자체의 표상과 겹친다. 지각은 항상 표상과 실재 사이의 만남 또는 조화를 은폐시킨다. 그런데 해결될 수 없는 문제에 귀착한 베르그송이 보여 준 시각은 이런 근본적인 전제 사항에 따른다. 즉 "지각은 전적으로 사변적인 관심을 갖는 순수 인식이다[…]. 지각은 무엇보다 인식을 뜻한다."[1] 이 전제가 바로 베르그송이 무효화하고자 애썼던 부분이고, 그것이 그에게는 두뇌 속에서 생기는 표상을 불가해한 공리로 넘기지 않고 지각을 고려할 수 있게 해준다. 베르그송에 따르면 지각은 삶의 관점, 즉 운동에서 파악할 수 있다. 사실 운동이야말로 물질의 단면으로 두뇌가 받아들이고 생산해 낼 수 있는 유일한 것이다. 만약 두뇌에서부터 지각을 고려하고자 한다면 운동의 관점에서 이 지각에 접근하는 것이 필수적이다. 지각한다는 것은 행동하는 것이지 응시하는 것은 아니다. 이런 이론적 판단은 신경 체계 구조의 검사에 의해 증명된다. 즉 반사 행위의 부위인 척수와 뇌 사이에서는 복잡성의 차이, 즉 성질이 아닌 정도의 차이만 관찰할 수 있다. 두뇌의 역할은 전달받아 운동을 만들어 내고, 외부의 자극에 대한 반응, 그 움직임을 나누고 선별하는 태도로, 좀더 복잡한 상관적 태도로 지체되는 골수와는 구별된다. 원시적인 유기체의 특징은 감응성이다. 즉 접촉을 시작하는 대상의 지각이 이 대상이 야기하는 퇴행 움직임과 구분되지 않는다. 엄밀하게 대상의 지각에 대해서는 말할 수 없지만 몸 표면의 자극, 감응에

---

1) Bergson, 《물질과 기억》, PUF, 1968, p.24.

대해서는 말할 수 있다. 유기체는 반응을 일으키는 몸에 관한 그 효과만큼 외부 대상을 포착할 수 없다. 왜냐하면 행동주와 감각적 신체 사이에 공간적 거리둠이 없기 때문이고, 지각과 일으키는 운동 사이에 시간적 차가 없기 때문이다. 요컨대 그 반응이 즉각적일 때는 엄밀한 의미의 지각에 대해 말할 수 없다. 베르그송의 접근 방식이 전적으로 이런 명제의 전복에 근거를 두고 있다고 말할 수도 있을 것이다. 그러므로 반응이 즉각적일 때 지각에 대해서 말할 수 없다는 것은, 그 반응이 지체될 때에만 지각이 나타날 것이기 때문이다. 달리 말하면 그 행동이 시간을 배치하는 정확한 정도에 따라서 지각은 공간을——이것이 지각을 정의하는 것이다——배치한다. 생체적 측면에 관계된, 즉 우리의 행동을 촉구하는 실재의 이 부분이 지각될 것인가? 지각 대상은 즉자적 대상의 표상('대자'적)뿐 아니라 일종의 확고한 지연된 행위를 야기하는, 즉 기계적인 행동을 행하는 것과 구분되는 자유로운 행위를 구분한다. 지각되는 것은 잠재적 행동을 부른다. "그러므로 사물에 대한 우리의 표상은 결국 우리의 자유에 대한 반성에서 생기는 것이다."[2]

만약 우리가 여기서 만족한다면 이 이론은 완벽하게 불가해한 것으로 남을 것이다. 우리는 생체 반응에 관계되고 선택된 행동을 촉구하는 유일한 사실로부터 어떻게 질료가 지각 대상의 원인이 될 수 있는지 알 수 없다. 그러나 모든 것이 질료에 의해 이해하는 바에 달려 있다. 사실상 이 지각 이론은 존재론

---

2) 《물질과 기억》, *op. cit.*, p.34.

의 틀 안에서만 의미를 갖고, 그 존재론에서는 물질적 실재가 상의 총합이다. 이 근원적인 개념을 발전시킴으로써 베르그송은 이상주의와 실재주의의 추상적인 딜레마를 벗어나 운동에서부터 지각의 정의를 할 수 있게 되었다. 우리의 지각과 구분되는 즉자적 실재의 관념에 대항해서 **존재는 지각된다**는 것이 사실이고, 실재는 우리가 지각하는 것 이외의 아무것도 아닌 그 나타남이다. 그러나 버클리의 실수는 질료가 관념의 총합이고 의식 속에서만 존재한다고 결론지었던 것이다. 베르그송의 견해에서는, 기본 규범인 **존재는 지각된다**는 사실을 결국 준수하지 않았던 것이다. 즉 버클리는 관념이 자리잡게 될 '지각 대상의 그 내부에' 지각하는 주체를 첨가했다. 사실 엄밀하게 "존재란 바로 지각된 존재이다"라고 하는 것은, 지각된 존재가 이상적·주관적인 어떤 실재가 아니라 존재 자체임을 결국 정확히 확언하게 되는 것이다. 실재는 지각된 성질 이외의 아무것도 아니다라고 말하는 것은, 이 성질들이 실재 그 자체라고 구체적으로 인정하는 것이다. 베르그송은 존재와 나타남의 이 충만한 동일체를 '상'이라 부르고, 동일성은 그 나타남만을 위해 실현되는 것이 아닌 이 나타남의 주체에서 나오는 것이다. 즉 상은 사물과 그 표상의 중도에 있고, 지각 대상의 실재 존재이고 실재의 지각된 존재이다. 그런데 상식선에서 만족한다면 이 상보다 더 이해하기 간단한 것도 없다. 실재는 우리가 지각하는 것과 다르지 않고 우리의 지각과 무관한 즉자적 실재의 관념이 인정하기 어렵다는 것은 분명하지만, 우리가 지각하는 이 실재가 우리 안에서가 아닌 우리 밖에 존재한다는 것 역시 자명한 일이다.

지각에 대한 베르그송 이론은 이젠 훨씬 더 명확해졌다. 상의 총합으로 물질 세계를 정의함으로써 우리에게 이미 현전과 더불어 표상이 주어졌다. 상을 상정하는 것은 실재 안에서 가능성을 만들면서 지각을 자리매김하는 것이다. 그러니까 지각성으로 실재를 정의하는 것이다. 그때부터 지각은 전통이 직면했던 것과 정확하게 상반된 문제를 제기한다. 즉 어떻게 실재가 그 자체의 표상을 발생시키는지를 파악하는 데 더 이상 관계되는 것이 아니라, 실재(형상의)의 총체에 공외연적(共外延的)인 지각이 어떻게 이런저런 대상에 **한정되는지**를 이해하는 것이다. 그러므로 실재에서 축소와 선별을 통해 지각으로 넘어갈 것이다. 이 선별 작업을 행하는 것은 구체적으로 앞에서 언급된 생체 반응이다. 즉 지각된 사물은 형상의 총체 속에서 우리의 생체 반응과 관계를 맺고 자의적인 운동을 야기한다. 사물의 표상은 우리의 잠재적 운동이 형상의 합에서 그 표상을 분리하는 한 사물 그 자체이다.

이런 시각의 독창성과 힘은 이론의 여지가 없다. 우리에게 지각에 대한 엄격한 이론의 조건이 될 것 같은 모든 조건을 거기서 발견할 수 있다. 우선 베르그송이 스스로 끌어낸 중대한 결론 중의 하나가, 우리 안에서가 아닌 우리가 사물에서 **직접** 지각한다는 것이다. 지각은 주관성이 아닌 사물이 있는 곳에서 행해지는 것이다라는 것이다. 달리 말하면 지각에서는 이 지각이 지각된 것과 구분되고 실제적 표상의 체험이 되기는커녕 사물 자체가 나타난다. 두번째로 지각의 주체는 대상의 형상을 모으는 것으로 만족하는 해체된 이론적 의식이 더 이상 아니다. 지각이 사물에서 직접 생기는지에 따라서, 이번에는 지각의 주체가 도달할 수 있는 세상을 향해서 진정으로 자신을 초월하는 능동적 주체일 뿐이다. 마지막으로 단지 피할 수 없는 대응물인 것을 부인함으로써 표상적 주체를 진정으로 넘어설 수 있다. 즉 우리의 참여에 대한 아무런 의무도 없는 자율적이며, 제한되고, 한정된 즉자적 실재의 입장이다. 그러므로 형상 이론이 본보기가 되는 방식을 보여 주듯 의식과의 만남에 의해 본래 생기는 현상성으로 환원하는 대신 **존재 그 자체의 차원**으로 나타남을 생각해야만 한다. 지각은 말하자면 사물에 선행하는 일종의 지각성을 고무시키러 온 것처럼 이해될 수 있다. 베르그송의 기여는 이 길을 열어 놓았다는 것이고, 형상의 존재론과 삶에서 직접 포착한 지각 사이의 분절을 개략적으로나마 그린 것이다. 분할선과 주요 분절선이 실재와 그 표상 사이를 더 이상 지나가지는 않지만, 자신의 소재지에서 표상을 나타나게 할 **삶**과 **이미 자기 표상을 내포한 실재** 사이에서이다.

베르그송이 다음 그의 저서에서 전개시킨, 주목하지 않을 수 없는 아주 복잡한 구조가 남아 있다. 《물질과 기억》의 첫장에서 사실보다는 오히려 권리상 존재하는 '순수' 지각을 기술했다. 즉 실재 지각은 사실상 순수하게 지각의 주관적 순간을 근거로 하게 될 기억의 간섭을 요한다. 왜냐하면 그 기억이 바로 존재하는 바대로 지각 대상을 나로 하여금 인식할 수 있게 해주기 때문이다. 그런데 전적으로 운동에 속한 지각이 만약 물질 안에 놓여 있다면, 기억은 완전히 다른 실재의 서열에 속한다. 현재와 미래 시간의, 생체 반응에의 순수 지각의 환원이 물질에 대한 기억의 무관함을 끌어낼 수 있게 하고, 그래서 정신과 물질의 이중성을 새로운 형태로 연장한다. 그때부터 모든 지각 분석은 대상의 측면에서만 드러나고, 의식에서 실재의 관계 의미를 고갈시킨다고 주장하지 않는다. 즉 거기에서는 세계와 대면한 주관성에 대한 새로운 개념을 읽을 권리도 없다. 베르그송이 말한 생체 운동은 지향성이 아닌 생명에 관한 요청에 의해서만 한정된 대상적 과정이다. 형상의 세계는 대상의 측면에서 드러나고, 지각 대상은 전체 속의 부분처럼 공간적으로만 새겨진다. 그래서 기이하게도 베르그송은 객관적 태도가 빠질 수 있는 궁지를 결정적으로 벗어날 수 있게 해주는 지각의 기술을 개략적으로, 그리고 동시에 이 기술을 대상의 측면에 투사했다. 가장 멀어졌던 순간에 객관주의로 다시 돌아오게 되었다.

우리에게 정해진 목표는 좀더 분명해졌다. 지각의 주체는 살아있는 존재로서 표상하지 않고 지각하는 것이다. 적어도 실증적 존재로서, 객관적 과정의 측면에서 이런 행동을 약화시키지 않고도 행동의 유일한 관점으로 설정됨으로써 불가피하게 표상의 복귀를 부추긴다. 그러므로 지향성의 주개념을 부인하지 않고 삶에서부터 지각을 생각해 보는 것이다. 대칭적으로 존재와 나타남의 정체성과 사물에 선행하는 지각의 관념을 우리에게 기억하도록 한다. 객관적 방식에 관한 이런 정체성을 생각하지 않고도 결국 주체와 실재의 본질적인 상관 관계는 잃지 않게 된다. 베르그송과 후설 각각의 시각은 우리의 결정, 즉 지각에 대한 생명적 차원과 그 지향적 특성인 형상 이론과 그 상관 관계의 보편적 **선험성**을 시도하고, 그 결과 조정해 보려고 하는 것에 따른 것임을 기억하는 것이 중요하다. 그러나 실증적 의미를 가진 것에서 파악된 이 두 시각이 지각에 대한 유일한 철학의 길을 조형했기 때문에, 조정이란 표현은 잘못 선택된 것이다.

2. 지각과 운동

지각의 이해에서 한발 나아가기 위해서는, 비록 지각에 대한 연구가 우리들에게 생명체에 대한 우리의 관념을 명백하게 해줄지라도 그것에 대한 특징 부여에서 출발해야만 한다. 골드슈타인이 보여 주었다시피 특히 살아 있는 존재는 하나의 **총체**로 이해해야 한다. 사실 행동은 유기체에서 한정된 주체자의 국부적인 반응으로 축소될 수 없다. 그래서 유기체 전체에 준한, 즉 예를 들면 단지 복원하려는 균형으로 이해된다. 그러므로 이 유기체 전체가 역시 국한된 각 행동에서 현시되고 고유한 본질을 유지한다. 그때부터 모든 생명 존재의 차원은 이 선제적 전체성의 제한, 분할처럼 나타난다. 즉 정신적인 것, 신체적인 것, 영적인 것, 감정적인 것, 육체적인 것의 구분 자체는 생명의 전체성에 의해 도래한 것처럼 이해되어질 수밖에 없다. 앞서 실체적 원칙 탓으로 했던 것이 중간에서 생명 관계의 어떤 유형의 표현으로 나타났다. 생명체에서부터 체험에 접근하는 것이 단번에 **사유적 실체와 연장적 실체**의 딜레마를 피하게 해주고, 우선 실체적으로 구분되었던 사실의 결합을 상정하는 풀리지 않는 문제를 피할 수 있게 해준다. 생명체 내부에서는 정신적·신체적 통합이 이들의 차이를 넘어서고, 엄밀하게 이 차이는 실행의 결여, 즉 피할 수 없는, 폭넓게 선결되어야 할 통합의 결여에서만 비롯된다. 신체와 영혼의 구분에 따라 존재한다는 것은 충만히 있는 그대로의 생명체가 될 수 없음이다. 특히 결과적으로는 전통적으로 지각이 근거를 두는 의식의 차원이 생명의 총체성에 스스로 종속될지도 모른다. 골드슈타인은 "우리는 거기 내포된 모든 현상의 총칭적 개념처럼 인간 존재의 규정된 행동의 방식을 의식이라 부른다. 그러므로 진정으로 한정된 내용을 그 속에 담게 될 용기(容器)에 관한 것은 아니다. 특이한 현상의 면전에서 의식적이라고 말하지 않는 편이 더 나을지도 모르지만 우리는 무엇에 대한 의식을 갖고 있다"[3]라고 쓰고 있다. 생명체에서 떠남으로써 생명체가 자신의 세상을 향해 열린 일원적 역동성을 위해 체험의 실증적 존재에 대한 관념을 포기할 수단이 주어진다.

이런 총체성은 사실상 어떤 환경에 열림, 즉 총체화함으로써 그렇게 구성되고 유지될 수 있는 것이다. 생명체는 자신의 환경과의 관계로 살아가고, 그 환경과 더불어 상위의 총체성을 이룬다. 즉 상위의 총체성에 대해서 생명체 자체는, 이 생명체가 있는 그대로의 총체성을 제한하는 그런 행동과 같은 이유로 하나의 제한처럼 나타날 수 있다. 개별 생명체는 자기의 닫힘이 환경에 열리는 조건을 가진, 그러므로 생명체가 아닌 것에 열림으

---

3) K. Goldstein, 《유기체의 구조》, trad. Burckhardt et Kuntz, Gallimard, 1951, p.269.

로써 실현된다. 그러므로 개체의 개별화, 세상에 속함, 자기 생성, 타자에 열림, 세상과의 동일성과 상이함이 딜레마를 만들지 않는다. 생명체는 환경에서 '사후' 관계될 실체적 존재로서도, 이 환경의 순수한 생산으로도 이해될 수 없다. 이 관계와 동시대적이고, 결국 이 관계와 더불어 만든다. 즉 이런 관계 내에서 그런 자기 동일성이 이루어진다. 환경과 그 존재는 그들의 생명 관계와 함께 싹튼다. 그런데 이런 관계는 역동적 양상에서만 생각될 수 있다는 것이 자명하다. 그러므로 생명체가 환경과 더불어 형성하는 총체성은 생성중인 총체성이다. 사실 자기 동일성의 수행이 환경과의 관계를 요하는 한 그 생명체가 분리되기 위해 환경에 열리고, 거기 새겨지기 위해 분리되는 한 긴장과 불만의 상태로 특징지어진다. 생명체의 생성은 이런 긴장의 생성이다. 그래서 이런 행동이 총체성의 명시나 제한으로 포착될 뿐만 아니라 생성의 순간 또는 단계로서 동시에 이해될 것이다. 골드슈타인이 목표로 했던 것이 바로 환경과 더불어 어떤 '논쟁'으로 특징지을 때의 이 모든 생명체의 자질이었다.

결과적으로 이 생명체의 첫번째 특징은 환경에서, 그의 감성은 감각에서부터 더 이상 파악될 수 없을지도 모른다는 것이다. 이것은 반대로 유기체가 세상과 더불어 유지하는 이런 갈등의 양상일 뿐이다. 즉 세상의 만남으로 가는 방식, 세상과 '더불어 사는' 방식인 것이다. 감각의 개념을 내재적 내용의 체험으로, 세상과의 교감 방식과 같은 **감각 작용**의 개념으로 대체해야 한다. 우리는 어떻게 감각들이 우리와 대상과의 관계를 잘 맺을 수 있을지를 자문해 보는 내재된 체험, 감각을 갖고 있지는 않지만 그 감각 작용에 의해 그리고 그 속에서 우리는 세상을 '소유'하는 것이다. 즉 세상의 소여성의 요소로서 감각 작용은 지향성의 근원적 의미에 상응한다. 우리는 그러므로 구분——그리고 우선 감각 그 자체들의 구분들——들이 자기 속에 침투하는 내용에서만 생기는 보편적인 '소유'를 더 이상 상정할 수는 없다. 반대로 슈트라우스는 "만약 우리가 의사소통의 방식으로서 시력과 청력을 구분한다면, 우리가 소유한다는 사실 역시 변화한다는 것을 생각하게 된다. 보는 것과 듣는 것이 대상과 작동 기관, 물리적 자극의 다양성으로 구분될 뿐만 아니라 내가 세상과 연결된 특수한 방식에 의해서도 구분이 된다"[4]라고 썼다. 감각 작용은 이해의 행위에 의해서만 세상에 나타나는 내재적 체험도, 동일한 대상에 제한된 감각적 성질도 가리키는 것이 아니다. 그것은 그 자체로 세상의 이해이고, 우리를 세상에 열어 주는 수단이다. 말디네의 관찰처럼 세잔이 "이것 좀 보시오! 푸른 것을! 소나무 저 아래의 푸름을!"이라고 외쳤을 때, 이 푸름은 세상과 그의 교감의 **기관**인 것이다.[5] 이 푸름에 의해, 그리고 이 푸름 속에서 세잔은 세상을 살아간다. 그러므로 이 푸름은 불분명하지만 우선적으로 제공되는 세상의 방식이고, 이 세상과 조우하기 위해, 그리고 지각하기 위한 자기 방식이다. 푸름이 대상의 체험된 성질도 그 주체가 대상에 부여할 의미 작용도 아니지만 일종의 외재적인 살아 있는 중개자이다.

---

4) E. Straus, 《감각의 감각》, trad. Thinès et Legrand, Millon, 1989, p.335.
5) 《시선, 말, 공간》, 인간의 나이, 1973, p.138.

우리는 감각 작용에 대한 이 첫번째 분석을 다음처럼 결론지을 수 있다. 각 감각 내에서는 감각장과 감각 성질 사이의 구분——로크가 당연한 것으로 간주한 구분——이 파생되고, 결국 거기에서 지각은 삶과 무관하게 재포착된다는 사실이다. 만약 특별한 인상과 감각이 세상과 존재자의 특수한 관계의 제한이라면, 그것의 통일은 그 차이를 넘어서고 세상과의 동일한 만남의 양식으로 교감할 수 있다. 그때부터 공감각——여러 감각에 속하는 감각들 사이의 관계——은 더 이상 문제되지 않는다. 즉 감각들 사이의 관계를 세우고, 또 다른 감각에서 한 감각의 특징을 전이하는 가능성——은유적 근거가 되는 가능성——은 감각의 본질만을 나타낸다. 만약 여기에 신비한 면이 있다면 통합보다는 그 차이에 있는 것이다. 나에게 레몬의 신선함과 신맛을 그 색에서 포착하게 해주고 이어 주는, 감각적 하모니인 대상의 다양한 성질이 현시하는 유사성에 대해서도 마찬가지이다. 그러므로 내가 요하는 것은 이 세상의 어떤 출현에 해당하고, 어떤 양식에 따라 세상과 내가 연관되는 것이 바로 이 대상에서이다. 이런 동일한 존재 양식이야말로 멀고도 유사한 감각적 '성질'의 형태로 다양한 감각적 장 속에서 표현된다.

그러나 세상과의 이 교감을 명확하게 하는 일이 남아 있고, 그것에 의해 결국 우리는 지각——우리가 이미 감각이 내재된 내용의 체험이 아닌 외부로 열리는지에 따라 예측하고, 더 이상 아무것도 지각으로부터 감각을 구별하지 않게 될——을 특징지을 수 있다. 사실 우리가 감각의 유일한 차원에 집착하는 데에, 여전히 추상에 머물러 있게 될 거라는 것이고, 결국 전통은 삶에 대한 표상을 인정하는 특권에 속하게 되는 것이다. 왜냐하면 살아 있는 존재 역시 우선은 아마도 **움직이는** 존재이기 때문일 것이다. 살아 있는 존재의 양식으로서 감각과 운동은 여러 감각이 그들간에 교감하듯이 서로서로 교감하지 않을 수 없다. 그러므로 지각에 대한 엄밀한 분석은 이런 유사성을 만들지 않을 수 없다. 감각과 운동 사이의 교감은 종종 심리학자들에 의해 관찰되었다. 우리의 감각 활동은 운동과 분리될 수 없다. 그래서 우리는 시각적 밝음과 풍부함의 최대치를 획득하기 위해 찾고, 고정하며, 조정하는 눈의 탐색 덕분에 무엇인가를 볼 수 있다. 그런데 시계와 운동이 여기서는 기이한 교착을 나타낸다. 왜냐하면 내가 보기 위해 쳐다본다는 것이 사실일지라도 어떤 방식에서는, 나의 시계는 시선의 움직임 속에서 준비되고 예측되기 때문에 단지 정확한 영상을 얻을 수 있다. 대상적 이동으로 환원될 수 없는 이 운동은 바로 시계가 가능하도록, 그리고 보기 전에 먼저 자기 식으로 본다. 즉 "반사 작용이었거나 맹인이었다면, 예민하지 못했거나 통찰력이 없었다면, 시계가 그 속에 선행되지 않았다면 어떻게 눈의 움직임이 사물에 대한 시선을 흐리지 않게 하는가?"[6]라고 퐁티는 지적하고 있다. 마찬가지로 만약 손의 움직임이 미리 닿지 않았다면 어떻게 내 손들이 표면의 그런 성질을 느끼기 위해 정확히 요구되는 압력을 가할 수 있겠는가? 게다가 어떻게 내 손의 움직임의 촉각을 구체적으로 구분하겠는가? 이동 없는 꺼칠꺼칠함이나, 손가락의 누르

---

6) Merleau-Ponty, 《눈과 정신》, Gallimard, 1964, p.17.

기 없는 딱딱함의 경험은 무엇일까? 거기에는 바이체커의 고찰처럼 "감각이야말로 운동을 조종하는지 아닌지, 혹은 우선 운동이 각 감각의 순간과 장소를 결정하는지 아닌지를 알지 못한다. 왜냐하면 조각가처럼 운동이 대상을 창조하고, 감각은 도취 상태에서처럼 그 대상을 수용하기 때문이다."[7] 지각과 운동 사이의 이런 뒤섞임은 감각적 성질과 운동의 범주 사이의 대등한 발견으로 확인될 수 있다. 특히 골드슈타인은 한편으로는 시각적·촉각적 지각 사이의 조정된 관계와 다른 한편으로는 '자극적' 현상이라 부르는 것을 분명히 했다. 이런 타입의 운동이 억제되지 않은 소뇌 이상을 가진 환자의 검사를 통해, 예를 들어 파란색과 초록색의 시계가 빨강과 특히 노랑의 시계에 의해 야기된 운동과 전적으로 상반된 팔의 움직임을 초래하는 것을 보여 준다. 이런 색들은 운동 감각을 갖고 긴장·완화·개시·철수를 야기한다. 여기에서 중요한 것은 색들이 정해진 운동과 관련될 수 있는가에 따라, 표상에 나타난 내용에 환원될 수 없다는 것에 주목하는 것이다. 표상이 움직이는 신체에 '말을 거는' 한 색은 질적 내용과는 다른 것이다. 그러나 운동이 신체에 부응할 수 있는 한 몸은 단순한 대상적 자리 이동과 구분된다. 그런데 지각과 운동 사이의 내면 관계에서 우리의 놀람은 하나가 **연장적 실체**에 속하는 반면, 다른 하나는 **사유적 실체**에 속하게 될 이 두 차원 사이에 전제된 철저한 분리에 의해서만 야기될

---

7) V. Von Weizsaecker, 《구조의 순환》, trad. Foucault, Desclée de Brouwer, 1958, p.195.

수 있다는 것이다. 왜냐하면 만약 유기체가 전체성이라면 운동과 감각이 단지 양상일 뿐이고, 그것의 통일이 차이에 근거하고 앞선다는 것을 인정해야만 하기 때문이다. 사실 그런 세상의 환경에서 멀어지거나 가까워질 수 없는 존재는 무감각하거나 감각할 수 없는 존재처럼 이 세상 속으로 향할 수 없을 것이다. 유일한 지각에도, 단 하나의 운동에도 속하지 않는 **방향**의 개념이 이 근원적인 통일을 분명하게 표현한다.

살아 있는 전체성의 표현으로서 운동과의 근원적 통일의 관점인 지각을 엄격하게 재포착하기 위해 여전히 추상적인 지각과 운동의 대립을 넘어서야만 한다. 지각에 대해 제기해야 할 중대한 문제는 다음과 같다. 즉 **동일한 것이 움직이고 지각하며**, 그리고 느끼고 움직이는 것의 **근원적 통일**이 있다고 할 때 지각이 의미하는 것은 무엇인가? 우리가 '삶'이라 부르는 것과 그 삶의 지각과 운동이 이미 추상적 양상인, 그 근원적인 차원은 어떤 것인가? 이런 문제 제기와 더불어 우리는 의식과 같은 지각자와, 표상과 같은 지각을 단번에 생각하는 객관주의자적 태도에서 좀더 멀어졌다. 그런데 만약 우리가 그 생명체가 생성 중인 전체성을 환경과 함께 이룬다는 것도 기억한다면, 그것의 차이보다 훨씬 더 심오한 운동과 감각의 근원적 통일의 관념은 의의를 제기하지 않는다. 이 존재와 세계 사이의 이런 긴장의 생성에서 출발한, 생명체의 본질적 불만의 관점에서 포착된 모든 지각은 계속되는 연구의 추상적 순간처럼 나타난다. 즉 존재하는 것은 방향이 정해진 자신의 운동을 계속하기 위해서만 느끼고, 좀더 잘 느끼기 위해서만 움직인다. 바이체커가 쓴 것처럼

"지각한다는 것은 결국 항상 다른 것으로 넘어가는 것이다."[8] 살아 있는 생성의 시각에서 파악된 엄밀한 지각은 여전히 추상적 차원으로 나타난다. 왜냐하면 **탐사**나 **탐구**로서 이런 생성은 감각과 운동 사이의 교차를 피하기 때문이다. 다른 것보다는 탐사——동물뿐 아니라 풍경 앞에서 시선의——를 하나의 차원에 부여하는 것을 걱정할 것이다. 그러므로 그런 '운동'은 이런 구별보다 분명히 더 심오하다. 다른 말로 만약 그 생명체가 불만족하고 원한다면 또 다른 현전을 부르지 않는 현전이 없고, 체험을 초월하는 운동 속에 사로잡히지 않는 체험이 없다. 왜냐하면 만족하지 못한 존재는 필연적으로 그 자체로 잉여적 존재, 즉 그 현전이 정확히 지각적 차원을 넘어서는 존재이기 때문이다. 우리는 여기에서 객관적인 전이도 감각적 표상도 드러나지 않는 첫 차원, 즉 체험하는 것과 살아 있는 것 사이의 차이보다는 훨씬 더 심오한 '삶'에 직면하게 되었다.

결국 지각과 감응, 감정과 감각의 구분 역시 추상적이고 부차적임을 주목하자. 사실상 그런 운동을 야기하는 실재는 운동에서 그리고 운동에 의해 체험된다고 말하는 것은, 그것이 객관적 광경은 아님을 인식하고 거기서 그 주체가 무관심한 채 머물지만, 일종의 생명에 관한 의미를 갖고 그 현전이 정의적 의미 작용과 구분되지 않는다. 만약 감각이 움직임이라면 그것은 **체험**이다. 운동과 분리할 수 없는 것으로서 지각의 '인지적' 차원은 '감정적' 또는 감응적 차원과 분리할 수 없다. 그러므로 자기

---

8) 《구조의 순환》, *op. cit.*, p.146.

체험이 아닌 다른 이의 체험은 없다. 그런데 우리는 생명체를 자기 생성과 다른 생성 사이의 일치점으로, 단지 다른 것에 열림으로써 자기 동일성을 수행하는 존재로서 정의했기 때문에 우리를 놀라게 하지도 않을 것이다.

3. 지각 대상과 거리두기

지각과 운동에 공통된 이 근원적 차원을 밝히는 일이 남았다. 대상적 운동을 초래하게 되는 사물과의 순수한 접촉과 이 차원은 구분되어야 한다. 이 대상적 움직임에서는 아무것도 **지각될 수** 없을 것이고, 비-육화된 인식만이 투명한 의미와 관계될 것이다. 그러므로 세상에서 의식의 소속이 없이는, 즉 가능한 접촉이 없이는 **아무것도** 지각되지 않을 것이다. 감각이 운동인 이상 사물과 분리되는 거리를 단축함으로써, 즉 자기의 소재지에 맞닿음으로써 사물을 현전하게 한다. 그래서 자기의 이중적 표상보다는 자기 현전의 불투명성 속에서 그 **자체**로 거기에 다다른다. 그러나 운동이 감각인 이상 세상을 향한 전진은 객관적 간격의 축소와 혼동되지 않는다. 즉 그것은 가시성에로 세상의 도래를 의미한다. 이것은 결국 지각자에 대해서도 마찬가지로 사물과 재결합하고, 사물을 체험하며, 사물에 이르고, 사물에 감각적으로 된다. 그래서 사물을 그 **자체**로 포착, 즉 농도를 보존함으로써 나타나게 만든다. 그러므로 베르그송처럼 우리는 대상에서 지각하지 우리 안에서는 아니다라고 말할 수 있다. 그러나 대상에 이르는 이 운동이 단지 대상적 이동만은 아니라는 것을 덧붙인다는 조건에서, 주관성은 다른 곳에서 찾아지는 것이 아니다. 지각 대상에 대해서도 마찬가지로 결국 거리두기, 즉 생명체가 미칠 수 있고 감각적으로 되는 나타남에서 나온다. 슈트라우스가 썼다시피 "한 존재를 느끼는 존재로 만드는 것은 감각 기관의 생리학적 기능이 아니라 오히려 이런 근접 가능성이고, 이 가능성은 유일한 감각에도 유일한 운동에도 속하지 않는 것이다."[9] 감각의 핵심에 있는 근원적 차원은 발견 또는 드러내기와 구별하여 '~을 향한 전진'인 **접근**으로 특징지을 수 있다. 접근은 근접성과 가시성이 결여된 똑같이 존재론적 · 공간적 거리두기의 축소이다.

그런데 감각은 접근으로서 똑같이 거리두기를 유지한다. 다가서기가 우연은 아니지만 다시 만날 수 없는 것을 향한 전진이다. 다가서기는 멀리-거리두기, 즉 멀리두기에서 생겨난다. 그러므로 가까움은 극복할 수 있는 거리를 유지하는 것이다. 지각에 대한 이번 분석의 중요한 공헌은 자동-운동으로서 감각이 체험의 내재성과 지각된 세상의 외재성 사이에 더 이상 교차가 없는 선험성의 열림, 거리두기의 전개임을 우리에게 시사한다. 감각은 내재화는 아니지만 자신에게서 나와 사물 자체로 향하는 잠식이다. 이미 거리를 두고 멀리 배치된 사물을 자기화하는 것으로 이해해서는 안 된다. 그러므로 오히려 나타나게 만들면서 거리두기를 전개하는 것이고, 도달하는 것의 깊이를 그 정도

---

9) 《감각의 감각》, *op. cit.*, p.378.

에서 보존하는 것이다. 감각은 소유가 아닌 존재하게 하는 것이다. 엄밀하게 외부와 내부의 차이 자체는 지각에 선행하지 않는다. 오히려 운동으로서 이 지각은, 이 나타남으로 자기를 지키는 초월성과 사물의 나타남 사이에 정할 수 없는 차이로서 그 차이를 펼치는 것이다. 감각은 외부에서 사물을 만나는 것이 아니라, 반대로 사물은 느껴지는 것으로서 외재적이 된다. 거기에 있음과 느껴짐이 사물에 대해서는 결국 마찬가지이다. 느낌이 거리두기를 전개하기 때문에 거리두기 역시 감지되지 않는다. 즉 운동으로서 감각은 거리를 둔 체험이다. 나로부터 어떤 거리 둠이 있기 때문에 대상이 저기 있다고 말해서는 안 된다. 오히려 그것이 저기 있고, 느껴지는 것으로서 저기 있기 때문에 거리둠이 있다고 해야 한다. 감각된 것에 고유한 이런 거리둠은 결국 생명체를 특징짓는 본질적인 불만에 해당한다. 왜냐하면 슈트라우스가 주목했다시피 "거리두기는 생성되는 존재와 상대적이고 욕망에 의해 활성화된다. 그 포착 정도가 가까움과 멂에서 거리두기의 분절을 결정하기"[10] 때문이다. 즉 한 생명체에 주어진 세상은 적응에 저항하고, 그러므로 어떤 탐사를 요한다. 다른 말로 감각을 특징짓는 멀어짐은 쉽게 극복될 수 있는 차이가 아니라 어떤 나타남도 제한 없는 거리, 후퇴 없는 축소를 메울 수 없는 불투명성이다. 깊이가 시선 앞에서 전개되는 것이 아니고, 일종의 대상의 내부에 있고 결국은 그것의 감각적 현전과 혼동되기 때문에 깊이는 이 거리둠을 극복할 수 없다고 했다.

---

10) 《감각의 감각》, *op. cit.*, p.617.

접근에서는 이 접근이 멀어지기 때문에 사물 자체가 나타난다.

후설은 지각에 대한 분석의 첫장에서 살아 있는 운동에서부터 감각을 접근시킴으로써 지향성을 이해할 수단과 지각과 감각 사이의 차이를 넘어설 수 있는 수단이 주어진다고 했다.[11] 후설이 감각 성질의 내재적 체험과 초월하는 대상적 한 극의 이해(지각) 사이에 도입했던 구분의 무용함이 드러났다. 그러므로 거리두기의 열림, 즉 접근으로서 감각은 선험성의 소여성**이다**. 감각적 현전과 선험성의 순간은 더 이상 딜레마를 만들지 않는다. 즉 감각은 살아 있는 움직임이고, 그 감각적 외관이 거리를 둔 현전을 의미하기 때문이다. 지향성의 불가사의는 의식이 그 자체에서 운동을 통해 나온다는 것과 동시에 이해, 즉 내면화를 상기시킨다는 사실과 관계 있다. 그러나 문제는 객관적 측면에 투영된 그런 운동이 나타남의 내재성과는 양립할 수 없음이 확인된다는 사실이다. 그런 난관은 살아 있는 총체성 내에서 비-표상적 나타남과 전–대상적 운동의 근원적 통일을 이해하자마자 소멸된다. 후퇴를 준수함으로써, 자신의 소재지에서 나타나는 것을 재결합함으로써만 나타나게 할 수 있기 때문에 감각은 지향성 자체이다.

그때부터 '감각적 성질'의 개념은 더 이상 지각된 대상의 계기도, 나와 관계된 대상의 내재적 체험도 지칭할 수 없다. 즉 나는 그 성질을 느낄 수도, 그 자체를 지각하지도 않고 오히려 그것에 **근거하여** 지각한다. 감각의 본질 그 자체의 이름으로 '감

---

11) 슈트라우스가 부당한 것을 거부한 것은 아니다.

각적 성질'이라 부르는 것은 단지 내용과 운동의 동일체일 수 있다. 즉 성질보다는 매개나 주축이다. 생명을 둘러싼 특이한 구조인 체험과 몸짓의 근원적 통일은 주로 세상이 채우게 되는 특이한 비어 있음이고, 거기에 따라 세상이 나타나는 차원일 뿐이다. 퐁티가 '세계의 선반'이라고 부른 것을 위해 감각들을 단념해야만 한다. 즉 "지각은 우선 **사물**(物)의 지각이 아니라 세상에 소속된, 차원에 소속된 사물의 **세계 선반**의 지각이다. 나는 이 '요소들' 속에 빠져 들어가고, 주관성에서 존재로 미끄러져 들어가는 **세상** 속에 바로 내가 있다."[12] 세계의 선반은 투명성과 불투명성의 동일체이다. 그러므로 그 모든 존재는 세계를 위해 스스로 사라지는 데 있다. 결과적으로 여러 지각이 활성화하는 내용에 의해 구분되는 것이 아니라 세계에 접근하는 **방식**에 의해 구분된다. 어떤 색은 그 성질이 분명하지도 불가지한 것도 아닌 자연 그대로의 현존에서 대상의 측면도 아닌 세계와 만나는 어떤 방식, 즉 그 색과 신맛 속에 과육의 신선함이나 표면의 울퉁불퉁함을 잘 나타내 줄 세상의 어떤 존재 양식이다. 그래서 우리가 봤다시피 후설이 지각적 나타남의 중심에 두었던 이 윤곽을 진정으로 이해할 수 있는 세상의 접근 양식으로서 감각의 이런 관념까지 가야만 했었다. 그렇지만 대상과 혼동됨이 없이도 현시하는 대상을 위해 자기를 초월함으로써, 윤곽은 자기를 위해 스스로 사라지는 동시에 그것을 부분적으로 지우는 것을 보여 줄 뿐이다. 그런데 후설에 이어 우리가 **질료**와 노에시스라

---

12) Merleau-Ponty, 《보이는 것과 보이지 않는 것》, Gallimard, 1964, p.271.

는 체험의 두 범주 사이의 관계에서부터 이 윤곽을 고려해 보려고 했던 만큼 그것도 본질적으로 불가해한 상태로 남아 있게 될 것이다. 그러므로 우리는 어떻게 내재적 체험이 대상을 위해 자기를 초월하고 질료를 활성화할 수 있었는지를 자문했었다. 그러나 장차 우리는 내용에 근거를 둘 수 없음을 이해하게 된다. 윤곽의 운동은 사실 감각과 운동의 근원적 통일 이외의 아무것도 나타내지 않는다. 이 접근에 의해 살아 있는 것은 자기를 위해 스스로 포기함으로써, 그러므로 거리두기를 유지함으로써 단지 무엇인가를 나타날 수 있게 한다. 지각을 특징짓는 두 차원을 조정하기 위해 후설의 정교한 '실증주의'까지도 부인해야만 한다. 만약 주체와 상대적인 지각 대상이 살아 있는 주체라면, 즉 동력이라면 이 상대성은 더 이상 지각 대상의 자율성과 일관성과의 딜레마를 만들지 않는다.

감각적 성질과 함께 **대상**의 개념 자체를 포기하지 않으면 안된다. 사실상 대상의 자기 동일성은 통합했어야만 될 성질의 순수한 다양성에 의해 요구되었던 것이다. 그래서 대상의 자율성은 감각의 주관성을 초월하게 만들었다. 그런데 지각이 운동으로서 현상학적 근접성에서 거리두기를 하는 한 지각은 **세상** 자체의 소여성이다. 체험의 실증성을 더 이상 근거로 하지 않음으로써, 그러나 역동적 개시를 근거로 한 나타남은 닫힌 의미 작용이 아닌 세상 자체를 해방시켜 준다. 이 세상을 위해 그 자체를 스스로 지움으로써 세상에의 열림의 모든 차원인 모든 운동 양식이 동시에 이 세계의 차원이 된다. 거기에는 감각도 대상도 없지만 세상에 우리가 접근할 수 있는 양식인 세계의 존재 양식이다. 물론 우리는 동일한 존재 양식이 다양한 측면에서 현시될 수 있음을 보았다. 즉 광택이 없으면서도 동시에 반짝이는 색, 약간은 느끼한 촉감의 부드러움, 둔한 소리, 선의 어떤 부드러움[13]까지 내게 만드는 것 등은 단 하나의 존재 방식을 표현한다. 밀랍에 대해 말할 수도 있지만 그렇게 하면서 대상을 규정하지는 않았다. 왜냐하면 그 존재 방식은 안색이 '밀랍색' 또는 마르멜로 나무 꽃의 색이라고 말하는 얼굴의 존재 방식이기도 하기 때문이다. 감각과 대상의 추상적 이중성에서 세계의 근원적 통일이 대체되고 감각의 차원에서 나타난다. 그때부터 만약 접근처럼 지각이 세계 자체에 열려 있다면, 각 체험은 대상의 이해가 아닌 이 세상의 표현이다. 특이하고도 동시에 보편적이고 제한된, 언뜻 보아 시가 보여 주는 것처럼 먼 측면을 보여 줄 수 있다는 점에서 세계의 총체성에도 열려 있다. 그러므로 "모든 존재자는 존재(Être)의 상징처럼 강조될 수 있다."[14] 감각의 이런 차원들을 규정하기 위해 땅·물·공기·불의 원소들에 대해서 말할 수도 있을 것이다. 형태와 내용을 넘어 원소는 실현된 양식, 즉 세상에서 만들어진 성질이다. 즉 세상에 도달한다는 것은 세상에 의해 둘러싸이고 세상을 가로질러 그대로 세상을 사는 것이다.

---

13) '성질'에 관계되는 것은 형태의 측면에도 관계된다는 것을 보여 주기 위한 자리는 여기에 빠져 있다. 즉 주름의 형태와 피륙의 색이나 조직에서 그 성질을 각각 알 수 있게 한다.

14) Merleau-Ponty, 《보이는 것과 보이지 않는 것》, *op. cit.*, p.323.

4. 감각존재론을 향하여

우리는 경험주의와 주지주의의 서로 상반되는 지각 개념의 근원이 충족 이유 원칙을 준수하는 어떤 존재론에 속함을 보았다. 무의 근거에서 부각된 존재는 항상 불확정도 불투명도 없이 수행된 순수한 대상의 형태를 취하기 때문에, 이런 시각에서는 지각은 항상 빠지거나 이성적인 인식과 혼동되었다. 다르게 말하면 지각의 주체는 거기에서는 세상에 대해 무한한 거리를 취할 수 있는, 즉 이탈된 이론적 주체이다. 이것은 불확정이 무시됨을 의미하지는 않지만 다만 부정적 의미만을 갖는다. 즉 지각을 지적 행위와 구분하는 우리 경험의 독특한 감각적인 차원은 우리의 유한성의 탓으로 돌려져야 하고, 당연히 투명하게 대상에 이를 수 있는 인식의 제한일 뿐이다.

지각에 대한 우리의 분석은 이런 존재론을 심오하게 다시 문제삼게 해준다. 우리는 운동과 더불어 그 근원적 통일 속에 포착된 감각 작용과 함께 실재 현전과 그 감각적 나타남이 교차하지 않고 지각을 '주관성'의 그 이중적 차원으로, 선험성에의 열림으로 고려한다는 것을 제시할 수 있었다. 감각 작용은 다가서기이다라고 말하는 것은, 드러나는 깊이에서 현상이 기억된 채 머문다는 것이다. 그러므로 세계의 속성은 세상을 현전하게 하는 것에서 떠나는 것이다. 그때부터 감각 작용이 부정되는 대신 나타나는 것으로부터 거리두기를 한다면, 존재론적 깊이의 소여성의 조건이라면 다른 것 중에서 감각을 존재에의 접근으로

정의하기를 그만두어야만 하고, 감각성을 **존재의 감각 자체로**
특징지어야 한다. 감각적 나타남은 더·이상 존재의 부정이 아니
라 존재로서의 그 조건이다. 그러니까 '존재'의 보편적 형태이
다. 그래서 선험적 소여성으로서 감각 작용을 위한 대상의 부정
처럼 감각을 초월함으로써, 우리들은 감각적 존재론을 위해서
객관주의적 존재론을 떠난다. 그 감각존재론에서는 존재에 대
한 우리의 인식에 장애가 되는 것도 없고 거기 도달하는 수단조
차도 될 수 없지만, 있는 그대로의 존재 의미이다. 퐁티는 다음
의 괄목할 만한 내용을 썼다. "감각성은 상정될 필요 없이 거기
에 존재를 가질 수 있는 바로 그런 매개이다. 즉 감각의 감각적
외양, 감각의 무언의 설득은 존재가 끊임없이 애매하고 초월적
인, 즉 확실한 생성 없이 존재가 현시되기 위한 유일한 수단이
다."[15] 달리 말하면 존재는 있는 그대로 머물기 위해 초월적이
거나 비가시적인 감각적 방식으로 나타날 필요성을 갖고 있다.
우리가 그렇게 표현할 때 우리는 여전히 추상 속에 머문다. 왜
냐하면 엄밀하게 거리두기에 주어지는 것처럼 감각성은 그 피
상적임에서 심오하고, 그 밝음에서 불투명할 뿐이기 때문이다.
감각성은 시선 앞에서 뒤로 물러나면서 나타나는 식이다. 그러
니까 마치 미스터리처럼 현전의 중앙에서 어떤 부재로 특징지
어진다. 또 다른 시선에 당연히 접근할 수 있는 초월적 위치를
가리키지 않는 순수 상태의 초월이다. 그러므로 존재 자체는
──그 존재자와 다른──감각성의 중심에서의 후퇴나 혼미한

---

15) 《보이는 것과 보이지 않는 것》, *op. cit.*, p.267.

차원 이외의 아무것도 아니다라고 말할 수 있다. 즉 감각성 자체는 다른 것이 아닌 그 불가시성이다. 그때부터 존재가 감각된다고 지각하기 때문이 아니라 오히려 존재는 본질적으로 우리의 지각이 가능한 감각이기 때문이다. 지각 대상이 그 조건 자체로서 지각하는 주체를 가리키기는커녕 지각하는 주체의 가능성은 존재로서 지각 대상 속에 새겨지고, 우리의 육화 작용은 일종의 존재적 사실이다. 퐁티가 썼다시피 만약 지각이 가능하다면 "그것은 즉자적 존재가 아닌, 밤에도 자신과 동일한 존재가 **있기** 때문이다. 그러나 그 존재는 그의 부정, 즉 그의 **지각됨** 역시 갖고 있다."[16] 버클리에 따르면 **존재는 지각하는 것이다**라고 말할 수 있지만, 사물이 지각이라는 것으로부터 이해한다는 조건에서뿐만 아니라 존재의 존재 의미가 그의 지각 가능성에 있다는 것이다. 지각은 주체에서 존재로의 어떤 관계가 아니라 그 존재가 존재하기 위해 요구되는 것이다.

이런 존재론의 특징이 우리가 객관적으로 규정했던 존재론과 완전히 상반되는 것은 당연하다. 이런 철학은 세계에 대해 완전히 돌출된 거부이다. 이는 우리의 **소속**에 대한 의식이다. 존재가 감각적이다라고 말하는 것은 우리의 유한성을 존재의 정의에 통합하고, 그 자체에 의한 제한된 포착을 거부하는 것이다. 존재는 우리의 육화된 존재의 조건에 대한 우리의 유한 관계의 관점으로만 이해될 수 있다. 존재의 심오함 자체에 내재된, 말하자면 존재에 의해 요구되기 때문에 우리의 유한성은 근원적

---

16) 《보이는 것과 보이지 않는 것》, *op. cit.*, p.304.

이다. 동시에 감각은 충족 이유 원칙에서 벗어난다. 이 원칙과 무관하게 지각 대상을 정의할 수도 있을 것이다. 왜냐하면 "감각의 층위에서는 모든 것이 이유도 없고, 원인과 결과의 대열과 무관한 그런 이유로 매번 그렇게 그 존재는 우리를 설득하기 때문이다."[17] 무에서 나올 수 없는 감각은 자신 밖의 무를 가질 수 없다. 존재의 감각적 형태에 내재한 지각자의 근본적 소속은 그 이유의 문제를 뛰어넘는다. 즉 감각적 '존재'는 모든 문제를 파악하지 못하고 항상 '이유'의 문제보다 선행한다. 마침내 그 소속을 거부함으로써 무에서 시작되었던 대상적 철학은 대상의 충만한 실증성을 존재에 부여했다. 어떤 결함도, 어떤 약함도 그 안에서는 찾아볼 수가 없다. 반대로 충족 이유 원칙을 벗어나는 철학에 있어서 존재는 순수 실증성이 아니고, 자기의 내부에서 구체적으로는 감각적임을 특징짓는 이 후퇴와 이 불확정의 형태로 무를 수용할 수 있다. 무는 대상 앞에 있는 것이 아니다. 결코 대상으로 변하는 것을 막을 수 없는 그 '무엇'의 이 내적 거리두기이다.

---

17) H. Maldiney, 《인간과 광기》, Millon, 1991, p.203.

결 론

지각에 대한 이번 성찰은 결국 두 가지 철학을 구분할 수 있게 해준다. 하나는 지각에 대해서 다루는 것이지만 근본적인 진가를 인식하지는 못했다. 이것은 시계(vision)에 대한 철학이다. 즉 시계처럼 지각은 세상을 소유할 수 있게 허용된 거리를 세상에 두는 것이다. 그런 사유에 있어 실재는 존재 가능한 모든 것, 즉 현전의 충만함이다. 그때부터 지각하는 주체는 현전으로 채워지고, 아무것도 부족한 것이 없는 평정으로 특징지어지며, 그것이 이론이 된다. 또 다른 철학은 지각에 대해서 다루는 것으로 만족하지 않고, 그 접촉에서 형성되고 그것에 의해 생각하는 것이다. 그런 철학은 시계보다는 촉각으로 주조를 이룬다. 촉각은 사실 접촉·불명료·촉지할 수 있는 것과의 혼동이다. 그러나 이런 근접성은 동시에 거리두기이다. 왜냐하면 사물 옆에 있기 때문에 촉각은 사물을 지배할 수는 없고, 모든 부분에서 사물을 벗어난다. 그런 것이 세계와의 접촉, 그 속에 새겨진 총체화할 수 없는 지각하는 주체의 상황이다. 왜냐하면 그것은 불만족이고, 지각하는 주체가 세계를 향해, 동시에 그 자체를 향해 항상 운동중이기 때문이다. 그런 철학은 확실히 지각에 전부 환원되기를 원하지는 않지만 어쨌든 그것을 초월하는 모든 활동,

특히 이성적 활동을 주장하고 이 근원적 소속의 표지를 가지고 있으며, 그리고 특히 그런 철학이 이런 조건의 가장 근원적인 의식의 포착일 수가 있다.

첫번째 철학은 **대상**의 철학이다. 대상에 민감한 우리의 관계를 위해 생긴 모든 것을 공제함으로써 존재를 정의하는 것과 관련 있다. 존재의 동일성과 사고의 동일성을 제기하는 이 철학은 파르메니데스까지 거슬러 올라간다. 두번째는 **원소**의 철학이다. 이 철학은 우리 생명의 체험에서부터 존재로 접근한다. '주관적'인 것과는 먼 '감각적 성질'(뜨거움 같은)은 존재 속에서 원소적 존재(불과 같은)의 형태로 우선한다. 존재에 민감한 우리의 관계는 존재의 정의 속에 통합된다. 존재와 감각의 동일성을 제기하는 이런 철학은 최초의 이오니아 철학까지 거슬러 올라간다.

참고 문헌

Aristote, *De l'âme*, Trad. J. Tricot, Vrin, 1977.

H. Bergson, *Matière et Mémoire*, PUF, 1968.

G. Berkeley, *Trois Dialogues entre Hylas et Philonous*, trad. A. Leroy, Aubier, 1970.

R. Descartes, *Méditations Métaphysiques*, coll. 《Bibliothèque de la Pléiade》, Gallimard, 1953.

G. Granel, *Le Sens du temps et de la perception chez Husserl*, Gallimard, 1968.

P. Guillaume, *La Psychologie de la forme*, coll. 《Champs》, Flammarion, 1979.

D. Hume, *Traité de la nature humaine*, trad. A. Leroy, Aubier, 1973.

E. Husserl, *Idées directrices pour une phénoménologie*, trad. P. Ricoeur, Gallimard, 1950.

I. Kant, *Critique de la raison pure*, trad. Tremesaygues et Pacaud, PUF, 1971.

G.W. Leibniz, *Discours de métaphysique et Correspondance avec Arnauld*, dans Œuvres, Aubier, 1972.

J. Locke, *Essaie philosophique concernant l'entendement humain*, trad. Coste, Vrin, 1972.

H. Maldiney, *Regard, Parole, Espace*, L'Âge d'homme, 1973.

M. Malherbe, *Trois Essais sur le sensible*, Vrin, 1991.

M. Merleau-Ponty, *Phénoménologie de la perception*, Gallimard, 1945.

—, *Le Visible et l'Invisible*, texte établie par C. Lefort, Gallimard, 1964.

J. Patocka, *Qu'est ce que la phénoménologie?*, trad. E. Abrams, Millon, 1988.

M. Pradines, *La Fonction perceptive*, coll. 《Méditations》, Denoël-Gonthier, 1981.

E. Straus, *Du Sens des sens*, trad. Thinès et Legrand, Millon, 1989.

V. Von Weizsaecker, *Le Cycle de la structure*, trad. M. Foucault, Desclée De Brouwer, 1958.

색 인

르노 바르바라
파리 소르본대학교 교수
저서: 《현상의 존재로부터》 《메를로 퐁티의 존재론에 대해》

공정아
부산대학교 불어불문학과 박사과정 수료

현대신서
105

지 각

초판 발행 : 2003년 8월 20일

지은이 : 르노 바르바라
옮긴이 : 공정아
총편집 : 韓仁淑
펴낸곳 : 東文選

제10-64호, 78. 12. 16 등록
110-300 서울 종로구 관훈동 74
전화 : 737-2795

편집설계 : 朴 月 · 李惠允

ISBN 89-8038-218-9 94160
ISBN 89-8038-050-X (현대신서)

【東文選 現代新書】

귀신부리는 책

혼백론

인류 최초로 공개되는
혼백론(魂魄論), 귀신론(鬼神論)

만약 귀신(鬼神)이 없었다면, 신(神)이 없었다면 인류 문명은 지금 어떤 모습일까? 귀(鬼)는 무엇이고, 신(神)은 무엇인가? 인간의 정신(精神)은? 그리고 혼백은? 혼(魂)과 백(魄)은 같은가, 다른가? 영혼(靈魂), 혼령(魂靈), 심령(心靈), 정령(精靈)… 다 그게 그건가? 초문명의 시대, 이런 것 하나 제대로 정리도 안해 놓고 천당이니 지옥이니, 윤회니 해탈이니 하면서 무조건 엎드리라고만 하는데 과연 믿어도 될까? 혼백과 귀신을 모르고는 그 어떤 종교도 철학도 진리(지혜)에 이를 수 없다.

인간은 자신을 속이는 유일한 동물이다. 인간에겐 '헛것'이 가장 크고, '없는 것'이 가장 무겁다. 버리기 전에는 절대 못 느낀다. 그렇지만 '있는 것'은 버려도 '없는 것'은 못 버리는 게 인간이다. 수행은 그 '없는 것'을 버리는 일이다.

본서는 특정한 종교나 방술, 신비주의를 선전코자 쓴 책이 아니다. 오로지 건강한 육신에 건강한 영혼이 깃든다는 명제 아래 유사 이래 인간이 궁금해하던 것, 오해하고 있던 오만가지 수수께끼들을 과학적이고 논리적인 관점에서 풀어냈는데, 이미 많은 독자들이 "왜 진즉에 이 생각을 못했을까!"하고 탄식을 하였다. 더하여 수행자는 물론 일반인의 건강과 치매 예방을 위해 사색산책법, 호보(虎步), 축지법(縮地法), 박타법(拍打法) 등 갖가지 무가(武家)와 도가(道家)의 비전 양생법들도 최초로 공개하였다. 이제까지 아무도 말해 주지 않았던 비밀한 이야기들로 한 꼭지 한 꼭지가 수행자나 탐구자들이 일생을 통해 좇아다녀도 얻을 수 있을까말까 하는 산지혜들이다. 문명의 탄생 이래 인류가 감춰왔던 했던 엄청 불편한 진실 앞에 '천기누설'이란 단어를 절로 떠올리게 된다.

東文選

성대 지음/ 상·하 각권 19,000원/ 전국서점 판매중

혼백론 · 하

혼백과 귀신

■ 노블레스 오블리주	현택수 사회비평집	7,500원
■ 미래를 원한다	J. D. 로스네 / 문 선·김덕희	8,500원
■ 사랑의 존재	한용운	3,000원
■ 산이 높으면 마땅히 우러러볼 일이다	유 향 / 임동석	5,000원
■ 서기 1000년과 서기 2000년 그 두려움의 흔적들	J. 뒤비 / 양영란	8,000원
■ 서비스는 유행을 타지 않는다	B. 바게트 / 정소영	5,000원
■ 선종이야기	홍 회 편저	8,000원
■ 섬으로 흐르는 역사	김영희	10,000원
■ 세계사상	창간호~3호: 각권 10,000원 / 4호: 14,000원	
■ 십이속상도안집	편집부	8,000원
■ 어린이 수묵화의 첫걸음(전6권)	趙 陽 / 편집부	각권 5,000원
■ 오늘 다 못다한 말은	이외수 편	7,000원
■ 오블라디 오블라다, 인생은 브래지어 위를 흐른다	무라카미 하루키 / 김난주	7,000원
■ 인생은 앞유리를 통해서 보라	B. 바게트 / 박혜순	5,000원
■ 잠수복과 나비	J. D. 보비 / 양영란	6,000원
■ 천연기념물이 된 바보	최병식	7,800원
■ 原本 武藝圖譜通志	正祖 命撰	60,000원
■ 隷字編	洪鈞陶	40,000원
■ 테오의 여행 (전5권)	C. 클레망 / 양영란	각권 6,000원
■ 한글 설원 (상·중·하)	임동석 옮김	각권 7,000원
■ 한글 안자춘추	임동석 옮김	8,000원
■ 한글 수신기 (상·하)	임동석 옮김	각권 8,000원

【이외수 작품집】

■ 겨울나기	창작소설	7,000원
■ 그대에게 던지는 사랑의 그물	에세이	7,000원
■ 그리움도 화석이 된다	시화집	6,000원
■ 꿈꾸는 식물	장편소설	7,000원
■ 내 잠 속에 비 내리는데	에세이	7,000원
■ 들 개	장편소설	7,000원
■ 말더듬이의 겨울수첩	에스프리모음집	7,000원
■ 벽오금학도	장편소설	7,000원
■ 장수하늘소	창작소설	7,000원
■ 칼	장편소설	7,000원
■ 풀꽃 술잔 나비	서정시집	4,000원
■ 황금비늘 (1·2)	장편소설	각권 7,000원

東文選 現代新書 1

21세기를 위한 새로운 엘리트

FORSEEN 연구소 (프)

김경현 옮김

우리 사회의 미래를 누르고 있는 경제적·사회적 그리고 도덕적 불확실성과 격변하는 세계에서 새로운 지표들을 찾는 어려움은 엘리트들의 역할과 책임에 대한 재고를 요구한다.

엘리트의 쇄신은 불가피하다. 미래의 지도자들은 어떠한 모습을 갖게 될 것인가? 그들은 어떠한 조건하의 위기 속에서 흔들린 그들의 신뢰도를 다시금 회복할 수 있을 것인가? 기업의 경영을 위해 어떠한 변화를 기대해야 할 것인가? 미래의 결정자들을 위해서 어떠한 교육이 필요한가? 다가오는 시대의 의사결정자들에게 필요한 자질들은 어떠한 것들일까?

이 한 권의 연구보고서는 21세기를 이끌어 나갈 엘리트들에 대한 기대와 조건분석을 시도하고 있으며, 구체적으로 그들이 담당할 역할과 반드시 갖추어야 될 미래에 대한 비전을 제시하고 있다.

본서는 프랑스의 세계적인 커뮤니케이션 그룹인 아바스 그룹 산하의 포르셍 연구소에서 펴낸 《미래에 대한 예측총서》 중의 하나이다. 63개국에 걸친 연구원들의 활동을 바탕으로 세계적인 차원에서 우리 사회를 변화시키게 될 여러 가지 추세들을 깊숙이 파악하고 있다.

사회학적 추세를 연구하는 포르셍 연구소의 이번 연구는 단순히 미래를 예측하는 데에 그치는 것이 아니라, 미래를 준비하는 자들로 하여금 보충적인 성찰의 요소들을 비롯해서, 그들을 에워싸고 있는 세계에 대한 보다 넓은 이해를 지닌 상태에서 행동하고 앞날을 맞이하게끔 하기 위해서 이 관찰을 활용하자는 것이다.

東文選 現代新書 3

사유의 패배

알랭 핑켈크로트

주태환 옮김

문화 속에서 우리는 거북스러움을 느낀다. 왜냐하면 문화란, 사유(思惟)하면서 살아가는 일이기 때문이다. 그리고 오늘날 사유가 아무런 역할도 하지 못하는 제반행위를 흔히 문화적인 것으로 규정해 버리는 조류가 확인되고 있다. 정신의 위대한 창조에 필수적인 동작들, 이 모두가 이렇게 문화적인 것으로 잘못 여겨지고 있다. 무슨 이유로 소비와 광고, 혹은 역사 속에 뿌리박은 모든 자동성이 가져다 주는 달콤함을 탐닉하기보다는 참된 문화를 선택해야 하는 것일까?

87,88년 프랑스 최고의 베스트셀러로서 프랑스 지성계에 커다란 파문을 일으킨 본서는, 오늘날 프랑스 대중들에게 가장 영향력 있는 철학자 중의 한 사람인 핑켈크로트의 대표작이다. 그는 현재 많은 저작과 방송매체를 통해 사회문제에 관해 적극적인 발언을 펼치고 있다.

그는 오늘날의 거대한 야망이 문화를 손아귀에 움켜쥐고 있다고 결론짓고, 문화라는 거창한 이름 아래 소아병적 증상과 더불어 비관용적 분위기가 확대되어 왔으며, 이제는 기술시대가 낳은 레저산업이 인간 정신이 이루어 놓은 문화적 유산을 싸구려 유희거리로 전락시키고 있으며, 그리하여 정신이 주도하던 인간 삶은 마침내 집단의 배타적 가치에 광분하는 인간과 흐느적거리는 무골인간, 이 둘 사이의 무시무시하고도 우스꽝스런 만남에 자기 자리를 내주고 있다고 통박하고 있다.

그는 본서를 통해 정신적 의미가 구체적 역사 속에서 부상하고 함몰하는 과정을 그려내면서, 우리가 어떻게 해서 여기에까지 도달하게 되었는지를 일관된 논리로 비판하고 있다.

東文選 現代新書 9

텔레비전에 대하여

피에르 부르디외

현택수 옮김

텔레비전으로 방송된 이 두 개의 콜레주 드 프랑스에서의 강의는 명쾌하고 종합적인 형태로 텔레비전 분석을 소개하고 있다. 첫 번째 강의는 텔레비전이라는 작은 화면에 가해지는 보이지 않는 검열의 메커니즘을 보여 주고, 텔레비전의 영상과 담론의 인위적 구조를 만드는 비밀들을 보여 주고 있다. 두번째 강의는 저널리즘계의 영상과 담론을 지배하고 있는 텔레비전이 어떻게 서로 다른 영역인 예술·문학·철학·정치·과학의 기능을 깊게 변화시키는지를 설명하고 있다. 이러한 현상은 시청률의 논리를 도입하여 상업성과 대중 선동적 여론의 요구에 복종한 결과이다.

이 책은 프랑스에서 출판되자마자 논쟁거리가 되면서, 1년도 채 안 되어 10만 부 이상 팔려 나가 베스트셀러 리스트에 오르고, 세계 각국에서 번역되어 읽혀지고 있는 피에르 부르디외의 최근 대표작 중 하나이다. 인문사회과학 서적으로서 보기 드문 이같은 성공은, 프랑스 및 세계 주요국의 지적 풍토를 말해 주고 있다. 이처럼 이 책이 독자 대중의 폭발적인 반응과 기자 및 지식인들의 지속적인 반향을 불러일으키는 이유는, 세계적으로 잘 알려진 그의 학자적·사회적 명성 때문이기도 하지만 무엇보다도 언론계 기자·지식인·교양 대중들 모두가 관심을 가질 만한 논쟁적인 내용을 담고 있기 때문이다.

東文選 現代新書 81

영원한 황홀

파스칼 브뤼크네르

김웅권 옮김

"당신은 행복해지기 위해 사는가?"

당신은 왜 사는가? 전통적으로 많이 들어온 유명한 답변 중 하나는 "행복해지기 위해서 산다"이다. 이때 '행복'은 우리에게 목표가 되고, 스트레스가 되며, 역설적으로 불행의 원천이 된다. 브뤼크네르는 그러한 '행복의 강박증'으로부터 당신을 치유하기 위해 이 책을 썼다. 프랑스의 전 언론이 기립박수에 가까운 찬사를 보낸 이 책은 사실상 석 달 가까이 베스트셀러 1위를 지켜내면서 프랑스를 '들었다 놓은' 철학 에세이이다.

"어떻게 지내십니까? 잘 지내시죠?"라고 묻는 인사말에도 상대에게 행복을 강제하는 이데올로기가 숨쉬고 있다. 당신은 행복을 숭배하고 있다. 그것은 서구 사회를 침윤하고 있는 집단적 마취제다. 당신은 인정해야 한다. 불행도 분명 삶의 뿌리다. 그 뿌리는 결코 뽑히지 않는다. 이것을 받아들일 때 당신은 '행복의 의무'로부터 해방될 것이고, 행복하지 않아도 부끄럽지 않게 될 것이다.

대신 저자는 자유롭고 개인적인 안락을 제안한다. '행복은 어림치고 접근해서 조용히 잡아야 하는 것'이다. 현대인들의 '저속한 허식'인 행복의 웅덩이로부터 당신 자신을 건져내라. 그때 '빛나지도 계속되지도 않는 것이 지닌 부드러움과 덧없음'이 당신을 따뜻이 안아 줄 것이다. 그곳에 영원한 만족감이 있다.

중세에서 현대까지 동서의 명현석학과 문호들을 풍부하게 인용하는 저자의 깊은 지식샘, 그리고 혀끝에 맛을 느끼게 해줄 듯 명징하게 떠오르는 탁월한 비유 문장들은 이 책을 오래오래 되읽고 싶은 욕심을 갖게 한다. 독자들께 권해 드린다. — 조선일보, 2001. 11. 3.

東文選 現代新書 94

진정한 모럴은 모럴을 비웃는다

— 책임진다는 것의 의미

알랭 에슈고엔 / 김웅권 옮김

오늘날 우리는 가치들이 혼재하고 중심을 잃은 이른바 '포스트 모던' 한 시대에 살고 있다. 다양한 가치들은 하나의 '조정적인' 절대 가치에 의해 정리되고 체계화되지 못하고, 무질서하게 병렬적으로 공존한다. 이런 다원적 현상은 풍요로 인식될 수 있으나, 역설적으로 현대인이 당면한 정신적 방황과 해체의 상황을 드러내 주는 하나의 징표라고도 할 수 있다. 자본주의의 승리와 이러한 가치의 혼란은 인간을 비도덕적으로 만들면서 약육강식적 투쟁의 강도만 심화시킬 우려가 있다. 그리하여 사회는 긴장과 갈등으로 치닫는 메마르고 냉혹한 세계가 될 수 있다.

개인의 자유와 권리가 확대되고, 사회적인 구속이나 억압이 줄어들면 줄어들수록 개인이 져야 할 책임의 무게는 그만큼 가중된다. 이 책임이 그의 자유와 권리를 보장해 주는 것이다. 개인의 신장과 비례하여 증가하는 이 책임이 등한시될 때 사회는 퇴보할 수밖에 없다. 기성의 모든 가치나 권위가 무너져도 더불어 사는 사회가 유지되려면, 개인이 자신의 결정과 행위 그리고 결과에 대해 자신과 타자 앞에, 또는 사회 앞에 책임을 지는 풍토가 정착되어야 한다. 그렇기 때문에 안개가 자욱이 낀 이 불투명한 시대에 책임 원리가 새로운 도덕의 원리로 부상되고 있는 것이다. 또한 어떤 다른 도덕적 질서와도 다르게 책임은 모든 이데올로기적 · 사상적 차이를 넘어서 지배적인 담론의 위치를 차지할 수 있다. 그것은 사회적 · 경제적 변화와 구속에 직면하여 문제들을 해결하기 위해 나타난 '자유의 발현' 이기 때문이다.

東文選 現代新書 129

번영의 비참

— 종교화한 시장 경제와 그 적들

파스칼 브뤼크네르 / 이창실 옮김

'2002 프랑스 BOOK OF ECONOMY賞' 수상
'2002 유러피언 BOOK OF ECONOMY賞' 특별수훈

번영의 한가운데서 더 큰 비참이 확산되고 있다면 세계화의 혜택은 무엇이란 말인가?

모든 종교와 이데올로기가 붕괴되는 와중에 그래도 버티는 게 있다면 그건 경제다. 경제는 이제 무미건조한 과학이나 이성의 냉철한 활동이기를 그치고, 발전된 세계의 마지막 영성이 되었다. 이 준엄한 종교성은 이렇다 할 고양된 감정은 없어도 제의(祭儀)에 가까운 열정을 과시한다.

이 신화로부터 새로운 반체제 운동들이 사람들의 마음을 사로잡는다. 시장의 불공평을 비난하는 이 운동들은 지상의 모든 혼란의 원인이 시장에 있다고 본다. 그러나 실상은 그렇게 하면서 시장을 계속 역사의 원동력으로 삼게 된다. 신자유주의자들이나 이들을 비방하는 자들 모두가 같은 신앙으로 결속되어 있는 만큼 그들은 한통속이라 할 수 있다.

그렇다면 우리가 벗어나야 하는 것은 자본주의가 아니라 경제만능주의이다. 사회 전체를 지배하려 드는 경제의 원칙, 우리를 근면한 햄스터로 실추시켜 단순히 생산자 · 소비자 혹은 주주라는 역할에 가두어두는 이 원칙을 너나없이 떠받드는 상황에서 벗어나야 한다. 일체의 시장 경제 행위를 원위치에 되돌려 놓고 시장 경제가 아닌 자리를 되찾아야 한다. 이것은 우리 삶의 의미와도 직결되는 문제이기 때문이다.

파스칼 브뤼크네르: 1948년생으로 오늘날 프랑스에서 가장 영향력 있는 에세이스트이자 소설가이기도 하다. 그는 매 2년마다 소설과 에세이를 번갈아 가며 발표하고 있다. 주요 저서로는 《순진함의 유혹》(1995 메디치상), 《아름다움을 훔친 자들》(1997 르노도상), 《영원한 황홀》 등이 있으며, 1999년에는 프랑스에서 가장 많이 팔린 작가로 뽑히기도 하였다.

東文選 文藝新書 211

토탈 스크린

장 보드리야르
배영달 옮김

　우리 사회의 현상들을 날카로운 혜안으로 분석하는 보드리야르의 《토탈 스크린》은 최근 자신의 고유한 분석 대상이 된 가상(현실) · 정보 · 테크놀러지 · 텔레비전에서 정치적 문제 · 폭력 · 테러리즘 · 인간 복제에 이르기까지 현대성의 다양한 특성들을 보여 준다. 특히 이 책에서 보드리야르는 오늘날 우리를 매혹하는 형태들인 폭력 · 테러리즘 · 정보 바이러스와 관련하여 기호와 이미지의 불가피한 흐름, 과도한 커뮤니케이션, 프로그래밍화된 정보를 분석한다. 왜냐하면 현대의 미디어 · 커뮤니케이션 · 정보는 이미지의 독성에 의해 증식되며, 바이러스성의 힘을 지니기 때문이다.

　보드리야르는 현대성은 이미지의 독성과 더불어 폭력을 산출해 낸다고 말한다. 이러한 폭력은 정열과 본능에서보다는 스크린에서 생겨난다는 의미에서 가장된 폭력이다. 그리고 그것은 스크린과 미디어 속에 잠재해 있다. 사실 우리는 미디어의 폭력, 가상의 폭력에 저항할 수가 없다. 스크린 · 미디어 · 가상(현실)은 폭력의 형태로 도처에서 우리를 위협한다. 그러나 우리는 스크린 속으로, 가상의 이미지 속으로 들어간다. 우리는 기계의 가상 현실에 갇힌 인간이 된다. 이제 우리를 생각하는 것은 가상의 기계이다. 따라서 그는 "정보의 출현과 더불어 역사의 전개가 끝났고, 인공지능의 출현과 동시에 사유가 끝났다"고 말한다. 아마 그의 이러한 사유는 사유의 바른길과 옆길을 통해 새로운 사유의 길을 늘 모색하는 데서 비롯된 것일 터이다. 현대성에 대한 탁월한 통찰력을 보여 주는 보드리야르의 이 책은 우리에게 우리 사회의 현상들을 비판적으로 읽게 해줄 것이다.